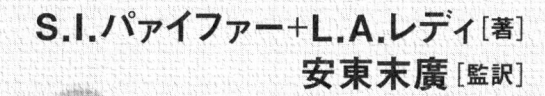

S.I.パァイファー+L.A.レディ［著］
安東末廣［監訳］

Innovative Mental Health
Interventions

幼児期〜青年期までの
メンタルヘルスの早期介入

発達に応じた8つの効果的なプログラム

北大路書房

Innovative Mental Health Interventions for Children: Programs That Work

Edited by
Steven I. Pfeiffer, PhD
Linda A. Reddy, PhD

Copyright © 2001 by The Haworth Press, Inc.
All rights reserved. No Part of this book may be
reproduced or transmitted in any form or by any means,
electronic or mechanical, including photocopying,
recording or by any information storage retrieval system,
without permission in, writing from the Publisher
Translation rights arranged with the permission of The
Haworth Press, Inc. through The English Agency
(Japan) Lid.

訳者まえがき

　現在，わが国の子どもの発達を取り巻く問題はきわめて深刻な状況にあり，不登校，いじめ，非行，暴力，虐待など，多くの問題が生じている。そして，思春期頃までに適切な発達を遂げることができずに，青年期後期になり社会への適応に問題をもつ青年も増加の一途をたどり，統計的に若者の無業者が64万人，フリーターが230万人と言われている。その背景には，子どもたちの養育や教育についての根本的な問題点があることが指摘されている。子どもの発達段階に応じた養育や教育を今一度真剣にとらえなおす時期に来ていると考える。

　今の子どもはなぜ友だち遊びが下手なのか，なぜ身勝手なのか，なぜキレやすいのか，といったことがよく話題にされる。また，家庭や地域の教育力が低下し，子どもの育て方を知らない親が増えていることも指摘されている。さらに，教師も多様化する子どもたち（LD，ADHD，高機能自閉症およびアスペルガー症候群などの軽度発達障害）の教育に行きづまっている現状もある。

　これらのことを考えてくると，問題が発生した後に手だてを考えることも避けては通れないが，未然に防止することも同時に考えないと，子どもたちの問題はさらに深刻さを増すことが考えられる。私は，保育，教育，養育に携わる関係者から，常に予防プログラムの必要性について指摘をされてきたが，『学校ベースのプレイセラピー』（北大路書房，2004）により，外国の先進的な取り組みの一端を紹介することができた。

　発達段階のより早期で，しかも発達的に適切な時期に，予防プログラムが実施できれば，子どものよりよい発達は促進されると考える。本書の内容は，幼児期から青年期にわたる発達段階に対して，家庭，学校，コミュニティベースで実施できる予防プログラムが紹介され，子どもや青年だけでなく，親や教師のためのプログラムも幅広く扱っている。

　編者の2人は子どもの行動問題の治療や予防に関して，世界的に著名な研究者である。S. I. パイファー氏は，アメリカ心理学会の特別会員で，長い間メンタルヘルスの研究を発展させた。現在，高いリスクを持つ若者への予防と介

入のプログラムの開発に従事している。その教え子にあたるL. A. レディ氏はADHD治療の専門家で，『学校ベースのプレイセラピー』の著者の1人であり，その中で氏はADHD治療に不可欠であるグループトレーニングの理論と技法について紹介していて，わが国でも緊急性が高く，子どもの保育や教育に携わる人々から高い関心を示されている。

　翻訳は2名で行い，安東が全体的な視点から調整した。忌憚のないご指摘をお願いしたい。

　最後に，本書の出版にご理解とご支援をいただいた北大路書房営業部の西村泰一氏，編集部の薄木敏之氏，北川芳美氏に心より感謝申し上げたい。

　2005年7月

監訳者　安東末廣

序　文

K. Dineen-Wagner

　第1章は，"私は問題を解決できる（ICPS）"という題がつけられ，幼児のリスクの高い行動の減少と予防のための対人関係の認知的問題解決プログラムについて述べられている。

　子どもの攻撃性，貧弱な仲間関係，低いフラストレーション耐性，社会的引っ込み思案などの行動は，青年期に暴力，薬物乱用，それに不登校などの重大な行動問題に発展する可能性がある。ICPSは4歳の幼児が，ストレスの多い状況をコーピングする問題解決思考のスタイルを発達させることを可能にする。

　プログラムは，子どもの学校の教師が学校状況で使えるように計画されている。また，子どもの認知的問題解決を支援する親のための補足のプログラムもある。ICPSは多様な民族的背景と社会経済階層をもつ子どもたちに恩恵を与えることが示されている。とくに，プログラムに参加した子どもたちでは，衝動性と行動の抑制が減少する。

　第2章は，思春期前の子どもたちの薬物乱用と行動問題を減少するために計画されたビデオベースのプログラムであり，"思春期の子どもの家族の絆を強めるプログラム"として述べられている。

　このプログラムでは，家族の責任（たとえば，家族のコンフリクト）と強さ（たとえば，コーピングスキル）に関して，家族が若い思春期の子どもの行動に重大な影響を及ぼすととらえている。グループリーダーにより，親とその青年期の子どもについて個別と合同のセッションが実施される。セッションの主要な目的は，家族の価値を一致させるのみでなく，親と青年との間の適切な相互作用とコミュニケーションを増加させることである。プログラムは，すべての社会経済的，民族的グループのために計画されている。成果についての研究では，このプログラムに参加した親と青年は積極的な相互作用を増加させることが明らかになった。さらに，プログラムに参加した青年では，参加しなかった青年と比べて，薬物乱用，反社会的行動，それに学校での行動問題などが減

少している。

　第3章は，子どもの行為問題と薬物乱用を減少させることと防止すること，それに社会的コンピテンスを増進することを目的とした，親，教師，子ども（3～10歳）のための3つのプログラムのセットについて述べられている。

　後年になって出現する非行行為のリスク要因は，子ども，親，教師のコンピテンスを改善することにより緩和できるという仮説に立つ。親トレーニングプログラムはグループで行われ，暴力によらないしつけのテクニック，問題解決，それに効果的なコミュニケーションなどのスキルが教えられる。また，ビデオテープが育児のスキルを改善するプログラムとして含まれている。教師トレーニングプログラムでは，教室で正の強化子を通して動機づけること，生徒との関係を強めること，それに問題解決とソーシャルスキルを高めること，などがある。

　子どものトレーニングプログラムでは，ソーシャルスキルと問題解決の発展，それに仲間との相互作用の改善が強調されている。成果の研究では，親と子の相互作用が改善し，子どもの行動問題を減少し，子どもの問題解決スキルとプロソーシャルな行動が増加することなどから，このプログラムの有効性が証明されている。プログラムは，学校ベースの介入に理想的に適している。

　第4章は，攻撃性置き換えトレーニング（ART）で，青年期の攻撃性を予防するために計画された介入のプログラムである。

　攻撃的な行動は，多くの環境要因（たとえば，両親）と内的要因（たとえば，ソーシャルスキル）により増進されそして抑制されるという前提に基づいている。プログラムは，これらの要因に焦点を当てることを意図した3つの主要な構成要素からなっている。

　スキルストリーミングは，青年のプロソーシャルなスキルと行動を増加させるためにモデリング，ロールプレイング，それに強化のような行動的なテクニックを使用する。

　2番目の構成要素である怒りコントロールトレーニングは，怒りの生起状況で，たとえば仲間を叩くようなことをしないことを青年に教える。

　3番目の構成要素の道徳教育トレーニングは，集団の問題解決を通して，子どもの道徳推理のレベルを高めるために計画されたものである。

ARTについての多数の結果研究から，たとえば若者の拘留施設のようなさまざまな環境で，民族的に多様な背景をもつ青年の攻撃性を減少し予防することについてARTが有効であることが示された。

　第5章の怒りコーピングプログラムは，18セッションのグループによる認知行動的介入である。

　プログラムの目的は，攻撃的な子どもたちの社会的認知的スキルを改善することである。プログラムはもともと学校の中での攻撃的な少年のために計画されたものであるが，どんな性別，年齢それにクリニックなどの状況でも適用可能である。プログラムの主要な特徴は，子どもたちが怒りの生理学的なサインに気づくことを助け，客観性が持てるように改善し，問題解決スキルを増加し，適切な行動のレパートリーを広げることである。プログラムの新しい側面はグループによるプロジェクトで，子どもたちがプログラムで学習した問題解決テクニックの使用を証明するために，彼ら自身のビデオテープを開発することである。プログラムに参加した子どもたちでは，治療後と長期のフォローアップで，攻撃的で破壊的な行動が減少しセルフエスティームが改善し，問題解決スキルがいっそう増加し，薬物の使用もより低くなった。

　第6章は，仲間，家族，学校および近所などの若者の社会環境は，行動問題を減少する方法として重要であり，マルチシステミックセラピー（MST）として述べられている。

　MSTは家族ベースの治療で，幼児の養育者は長期にわたって子どもの発達にもっとも影響するだろうという仮説に基づいている。行動療法，認知行動療法，それに家族療法のような介入が，家庭，学校，コミュニティ状況で提供されている。セラピーは通常約4か月間，4～6家族のケースを担当するセラピストのチームで行われる。

　プログラムをより一層普及させるために，MSTは民営化され，MSTプログラムの国内的かつ国際的発展の促進に専念する学部と50名のスタッフをもっている。プログラムは深刻な行動的問題のために家庭外の施設に入れられるリスクをもつ青年に焦点を当てている。MSTでは，家庭外の施設に入れる日数を減らし，深刻な臨床的問題をもつ青年の情緒的，行動的機能を改善することが示された。典型的に治療に従順な若い犯罪者と薬物乱用の若者は，MSTプロ

グラムによる治療を達成する確率が高い。

　第7章は，非行少年のコミュニティベースの治療で，多次元からなされる里親によるケア（MTFC）が説明されている。

　この介入プログラムは，家庭で生活できない若者のために計画されている。若者を里親家庭に入れる前に，里親は若者が家族の生活場面で社会的，学業的かつ職業的な領域でスキルを発展させられるように社会的学習の原理でトレーニングを受ける。

　プログラムの目的は若者の適切な行動を増加させることで，それにより彼らは自分の親や他のより制限の少ない環境に戻ることができる。MTFCプログラムを受けた若者は，他のケア環境の若者と比べて，再逮捕の割合がより低く，自分の家庭に帰ることがよりいっそう増加した。

　第8章では，教授家族モデル（TMF）で強調される積極的な家族環境の重要性が述べられている。

　このプログラムは，居住型治療センターで，情緒的，行動的問題をもつ子どもと青年のためにデザインされている。TMFの基礎になる学習理論では，問題行動はストレスの多い日常の環境の産物と見られている。教授する親として対応する既婚夫婦は，ケアをすることと支持的な環境を提供し，約8名の若者のグループと生活をする。これらの教授する親は，広範囲のトレーニングを受け，子どもと青年が適切な行動を学習することを支援する。若者の行動を変える方法の中に，トークンエコノミーと若者の自己管理システムとがある。TMFの主な目的は，若者が居住型治療環境から出て，可能なときに家族に戻るために適切なスキルを発展させることである。これらのプログラムに参加した子どもは，参加しなかった子どもに比べ，より積極的な進歩を獲得する。不幸にも，これらの進歩が治療プログラム終了後は，長い期間は持続しない。

　全体的に，これらの8つのプログラムは，子どもや青年の広範囲の深刻な情緒的，行動的な問題を対象としている。これらのプログラムでは，個人，家族，学校と社会的要因の大切さが強調されている。これらの革新的なプログラムは，学校，居住型治療センターおよび青年の拘留施設などの広範囲の環境で適用できる。プログラムのすべてが，若者の行動問題の治療とプロソーシャルな行動

を高めることに効果的であることが証明された。著者が説明しているように，メンタルヘルスプログラムを選択することは，コミュニティ内で利用できる資源のほかに，子どもと家族の個々の必要性に基づいているのである。

まえがき

S. I. Pfeiffer

　メンタルヘルスケアに関する多くの今日的なシステムが，アメリカの子どもたちの必要性を短期間にかなえることに視点が注がれている。従来のメンタルヘルスプログラムはその有効性を支持する証拠を欠き，深刻な臨床的問題の多次元からなる特質に焦点を当てることに失敗し，家庭，学校それに近所の自然な生態系を考慮に入れず，ケアのシステムを統合せず，しかも非常に費用がかかっている。われわれは，"子どもたちへの新しいメンタルヘルスの介入：うまくいくプログラム"，というこのプロジェクトを考え出したが，これは同時に3部からなるメンタルヘルスの介入モデルを提案した合衆国における学校ベースのメンタルヘルスプログラムに求められた論文でも使われている（PfeiferとReddy, 1998）。われわれの3部からなるモデルの1つの次元は，メンタルヘルスへの介入のスペクトラムというもので，治療，維持と健康増進や心身の快適状態への介入のほかに，予防的介入（普遍性，選択性，それに必要性）の3つのレベルが含まれる。

　われわれはメンタルヘルスへの介入のスペクトラムで8つのプログラムを選んだが，これらは新しい予防，治療，維持と健康増進への介入などの範囲の例をあげて説明している。集合的に，これらのモデルプログラムは治療による進歩を維持し再発を予防しながら，そして弾力性，コンピテンスそれにプロソーシャルな行動を高めながら，若者の攻撃性，非行行動それに薬物乱用のようなさまざまな問題行動の減少を期待できる詳細な計画を提供する。

　われわれは次の8つの原理に基づき，プログラムを選択した。

- 深刻な心理的問題に対して子どもの脆弱性を招いている発達上の多様な方向性があることを認識している。
- 多様な領域と多様な社会化のためのサポートシステムを目標とする介入を計画している。

- セルフコントロール，感情的な気づき，社会的問題解決，客観性を持つこと，それに子どもたちの社会的コンピテンスを強化する積極的な養育などの保護要因を高めている。
- 臨床的な有効性を証明している。
- 発達理論により導かれている。
- さまざまな状況に適用でき，治療のほかに予防として適切である。
- 各子どもの特有の必要性にしたがって，個別的な治療を提供している。
- 使用者に親しみがあり，費用効果が高く，再現が容易で説明責任を強調している。

われわれの希望は，"子どもたちへの新しいメンタルヘルスの介入：うまくいくプログラム"の読者に，子どもたちのメンタルヘルスシステムの伝統的な考え方に挑戦したいろいろな代わりのエビデンスベースのメンタルヘルスプログラムを提供することだ。

8つのプログラムが最も良いと誰も保証しないし，われわれの選択したプログラムを完全なものとして提案するのでもない。実際，上にあげたわれわれの8つの原理をかなえるたくさんの新しいプログラムが発展しつつある。もしこの一連のプログラムが討議に活気を与え，いくつかの長く維持された信念へ挑戦し，プログラムを準備する人にわれわれが熟慮して選んだ子どもたちに役立つ最新のメンタルヘルスプログラムへのいっそうの注目を与えるなら，そのときわれわれは目標を達成することになる。

■目 次

訳者まえがき　　iii
序　文　　v
まえがき　　x

❶ 私は問題を解決できる（ICPS）：幼児の対人関係の認知的な問題解決プログラム

使命と目標 ……………………………………………………………… 2
ICPSの歴史 ……………………………………………………………… 2
介　入 …………………………………………………………………… 4
かぎとなる治療要素 …………………………………………………… 7
プログラムの運用 ……………………………………………………… 8
プログラムの再現と配付 ……………………………………………… 10
評価の研究 ……………………………………………………………… 10
研究結果の要約 ………………………………………………………… 11
結　論 …………………………………………………………………… 13
　　　文　献　　14

❷ 思春期の子どもの家族との絆を強めるプログラム

プログラムの背景と歴史 ……………………………………………… 16
プログラムの構成と内容 ……………………………………………… 18
プログラムの実施 ……………………………………………………… 19
プログラムのインセンティブ ………………………………………… 20
トレーニング …………………………………………………………… 20
教授マニュアルに含まれるプログラムの材料 ……………………… 21
家族の勧誘と保持 ……………………………………………………… 21
スキルの維持 …………………………………………………………… 22
プログラムの普及 ……………………………………………………… 22

プログラムのコスト	23
コミュニティ内でのステークホルダーの確保	23
実施を容易にするプログラムの特色	24
科学的評価の結果	25
測定とデータ収集	25
結　果	26

　　　文　献　　29

❸ 学校ベースの親，教師，子どものトレーニングシリーズ

プログラムの使命と目標	31

　　プログラムの理論的根拠　　33

　　対象者　　34

プログラムのかぎとなる構成要素	35

　　プログラムの説明――親トレーニングのプログラム　　35

　　トレーニング方法　　38

　　プログラムの説明――教師トレーニングのプログラム　　39

　　恐竜ディナのソーシャルスキルと問題解決のカリキュラム

　　　　　　――子どもトレーニングのプログラム　　40

普及の要素	41

　　プログラムの特徴　　41

　　グループリーダーのトレーニングと資格　　41

評価の結果	42

　　BASICプログラムの研究のハイライト　　43

　　ADVANCEプログラムの研究　　45

　　子どもトレーニング――恐竜ディナのカリキュラムについての研究　　46

　　親への学業スキルのトレーニングと

　　　　　　教師へのトレーニングについての継続中の研究　　47

　　　　文　献　　47

❹ 青年期の攻撃性置き換えトレーニング：攻撃的な青年のための多様な介入

ARTの任務と目標 …………………………………………………… 49
ARTの歴史と発展 …………………………………………………… 50
多様な方向性のアプローチをもつART ………………………… 54
トレーニーの選択と準備 …………………………………………… 54
トレーナーの選択と準備 …………………………………………… 59
遂行の般化と維持 …………………………………………………… 65
結果の評価 …………………………………………………………… 66
  文　献　　68

❺ 攻撃的な子どもへの怒りコーピングプログラム

怒りコーピングプログラムの歴史と目的………………………… 71
怒りコーピング治療のかぎとなる要素 ………………………… 73
プログラムの実施 …………………………………………………… 75
プログラムの再現と配付 …………………………………………… 77
プログラムの評価と成果 …………………………………………… 79
  文　献　　80

❻ 家族ベースのマルチシステミックセラピー

かぎとなる治療要素 ………………………………………………… 84
プログラムの構造 …………………………………………………… 87
プログラムの配付 …………………………………………………… 90
臨床とサービスの成果 ……………………………………………… 91
  文　献　　93

❼ コミュニティベースの非行少年のケアプログラム

サービスの説明 ……………………………………………………… 100
 治療の配布と正確さ　　103

再現と成果の評価の研究　　104

　　文　献　　107

❽ 家族モデル体験プログラム

使　命 ……………………………………………………………………110
目　標 ……………………………………………………………………110
プログラムの歴史 ………………………………………………………110
特色の定義 ………………………………………………………………111
教授家族の実践者 ………………………………………………………112
治療プログラムの構成要素 ……………………………………………113
サポートサービス：教授する親のトレーニングと新人教育 …………114
教授する親の認証 ………………………………………………………116
1日の生活 ………………………………………………………………116
普　及 ……………………………………………………………………118
プログラムの評価 ………………………………………………………119

　　文　献　　121

　　索　引　　123

❶ 私は問題を解決できる(ICPS)：
幼児の対人関係の認知的な問題解決プログラム

Myrna B. Shure

　この章は，早期の発達段階でリスクの高い行動を減少し予防するための対人関係の問題解決への取り組みについて述べている。幼児期の攻撃性，待てないことやフラストレーションを処理する能力が低いこと，社会的引きこもり，貧弱な仲間関係などは，後になって暴力，薬物乱用，うつ病，それに不登校のような深刻な問題につながることがわかっている。

　研究では，子どもたちは4歳になると自分自身や他者の感情により敏感になり，自分の行いの結果にも一層気づき，問題について代わりのよりよい解決法を考えることができることを示し，早期の段階での高いリスクのある行動は減少させ予防することが可能であることを述べている。子どもたちは小学校に入学すると，情緒的な注意散漫が減少するので，学校での授業時間により効果的に集中する。

　ここでは，教師や他の学校関係者のために，特殊な介入により子どもたちに対人関係の問題解決スキルをどのように教えることができるか，プログラムを学校の授業時間にどのように組み込むか，治療として学校でどのように柔軟に行うか，それに学校の授業時間で実施したときに起こる他の問題をどのように扱うか，などについて述べている。親用のプログラムや学校でさらに親を巻き込んだ国主導の観点からの大切な補足にも言及されている。

> KEYWORDS　対人関係の問題解決，高いリスクのある攻撃性，ソーシャルスキルの欠損

使命と目標

ICPS（I Can Problem Solve）のアプローチは，3つの目標を達成している。
1. 子どもたちに何を考えるかではなく，どのように考えるかを教えることである。それは，彼らが仲間や大人との対人関係で典型的な問題を解決する手助けとなる方法である。
2. 暴力，10代の妊娠，物質乱用，それにうつ病のような後になって起こるより重大な問題につながる攻撃性，待つことやフラストレーションを処理することの能力のなさ，社会的な引きこもりのような早期の発達段階でのリスクの高い行動を減少し，予防することである。
3. 教師，親，他の世話人がコミュニケーションの問題解決スタイルを適用するのを手助けすること，これにより子どもたちは自分たちのすることの考え方と行動のしかたを関連づけることができる。

ICPSの歴史

1968年に，共同研究者George Spivackと私は一緒に仕事を始め，メンタルヘルスセンターを運営しながら，同時に実際のコミュニティのニーズに役立つ研究を行うことが使命であった。Spivackは青年期のメンタルヘルスの機能に関する認知モデルをすでに発展させていた。1960年代は「偉大な社会」の時代であり，またプレスクール（5歳以下の幼児の教育施設）の教育での私自身のトレーニングや経歴となっているが，われわれは連邦政府の基金でつくられたコミュニティのデイケアセンターでプレスクールの子どもたちにSpivackのモデルを適用し始めた。われわれは子どもの人生のできるだけ早い時期に，メンタルヘルスサービスに着手することの有利さを主張した。

1960年代では，幼い子どもたちに対する教育的介入は，数と形を教えること，アナグラム（つづり換え）のような人間味のない問題を解決することに焦点が当てられていた（たとえば，Davis, 1966）。われわれのアプローチはそれとは異なり，人が個人的な必要性または対人関係の状況をどのように見るかを示す

問題解決スキルに焦点を当てている。人は抽象的なパズルを解くよりもむしろ，他の人から自分が望むものを得ることまたは対人関係の難しさを扱うことの問題を解決すべきであろう。その研究と介入では，自己の周囲の状況に苦しむ個人は問題解決スキルが乏しく，最後の目標を得るための手段よりもむしろ目標そのものに心を奪われているという仮説に基づいている。ある人が問題を解決する方法を考えることに慣れていないか，または予期しない障害物が介入するなら，その人は軽率な失敗をし，欲求不満や攻撃的になるか，または引きこもることにより完全に問題から回避するだろう。どんな場合でも，最初の個人的な必要性は満たされないままに残り，そのような失敗が繰り返し起きれば，さまざまな程度の不適切行動が続くだろう。

　SpivackとLevine（1963）によって確認された，IQとは関係のない1つの対人関係の認知的問題解決（ICPS）スキルは，居住型治療ホームに入っている衝動的な青年と普通の公立学校の青年とを区別するものであり，これは方法と目標との関係を考えるスキルまたは連続的に計画するスキルであることがすでにわかっている。このスキルは，決められた対人関係の目標（たとえば，友だちをつくること）に向けた方法を慎重に計画する能力であり，妨害となるかもしれない障害物や問題解決には時間がかかるという正しい認識などを必要とする。ShureとSpivack（1972）は，方法と目標との関係を考えるスキルはまた第5学年で順応しているグループとそうでないグループを区別するものであることを発見し，そしてそれからまだより低年齢の子どもたちでICPSのスキルを明確にすることを続けた。ふたたびIQに関係なく，衝動的な行動または引きこもりの行動を示す4歳から6歳の子どもたちや，それに他者の感情に気づくことが少ないこれらの子どもたちでは，問題（たとえば，他の子どもがもっているおもちゃでプレイをしたいと思うこと）の"代わりの解決法"や，行い（たとえば，その子をたたいたり，おもちゃをひったくること）についての"結果"について考えることが，より社会的に能力のある仲間より劣っていた。

　ICPSのスキルが行動に重要な調停者を提供できるというSpivackの仮説をテストするために，Shureは行動そのものに直接的に焦点を当てるより，子どもたちのICPSのスキルを高めることに焦点を当てる介入を発展させた。目的は，トレーニングを受けたICPSのスキルのほとんどを改善した子どもたちはまた，

トレーニング前のICPSのスキルと関連することが見い出された行動のほとんどを改善するかどうかについて調査することである。

介　入

　介入は，もともと対人関係の認知的問題解決（ICPS）と呼ばれ，現在では"私は問題を解決できる（ICPS）"と呼ばれているが，最適なメンタルヘルスと関係がある大切な行動について考えるスキルを明らかにしたわれわれの研究に基づき，4歳から12歳の年齢段階の子どもたちに計画されたものである。これらのすべての年齢の子どもたちへの基本的なアプローチは，何を考えるかではなく，どのように考えるかを教えることで，子どもが毎日の問題をコーピングするように導く問題解決の思考「スタイル」を発展させることを手助けすることが目的である。

【プレスクールと幼稚園や小学校低学年への介入】

　より幼い子どもたちのICPSは，もともとSpivackとShure（1974）が出版し，Shure（1992a）により改訂されたが，3つのレベルの言語と思考のスキルにもとづいた連続したゲームと対話からなり，これらは幼稚園から第2学年まで繰り返し使われるが程度は上げられない（Shure, 1992b）。

- 第1レベル

　このレベルは，子どもたちが後になり口論を解決する手助けとなる問題解決の語彙を教えるためのゲームと対話から成り立つ。たとえば，"おなじ"と"ちがう"ということばは，子どもたちが後で，次のように考える手助けとなる。つまり，「たたくことと蹴ることは同じ種類で，両方とも他者を傷つける方法であるから」，そしてそれから，「私はそれとはちがうことを考えられる」となる。

　最初に，子どもたちは自分たちの頭を軽くたたいたり足を踏み鳴らすような体の動作を行い，それから"おなじ"ことをしようとするのか，または何か"ちがう"ことをしようとするのかをはっきりする。幼稚園では，"まえ"と"あと"ということばが，「私が歯を磨くのは，朝ベッドから出る"まえ"か

"あと"か?」のような疑問型で使われる。子どもたちはこれらのことばを面白く使って，彼がもう1人の子をたたくのは，その子が彼をたたく（または彼のおもちゃを取る）"まえ"か"あと"を考えることに関連づけることができる。子どもたちの多くがこの"まえ"と"あと"を理解する間，早期に授業をゲームにして常にくり返すことにより，子どもたちは対人関係の枠組みの中でそれを使うことができるようになる。

● 第2レベル

思考の概念の第2レベルでは，人々がどのように感じるかを述べることばについて取り組まれる。プレスクールでは，これらのことばとして"しあわせ"，"かなしい"，"おびえた"，"おこった"などがあり，幼稚園や小学校低学年でそれらを受け入れるレディネスが備わると，"欲求不満の"，"失望した"，"困った"，"ほっとした"などがマニュアルに加えられて使われる。感情を示すことばが理解されると，"ちがう"人々が"ちがう"方法で感じ，感情は変化し，疑問なときは聞いたり，見たり，尋ねたりすることによりものごとを発見する方法があることを教えることができる。

幼児は自分たちが好きなものを他者も好きだとよく考えてしまい，これは対人関係で間違っている場合が多いので，誰もが"おなじ"ものを選ばないということは大切な概念である。

● 第3レベル

第3レベルは，問題の解決法が学習されその行動の結果が生じる最終的な問題解決スキルからなる。たとえば，1人の子どもがすべり台をすべり降りるのを待っていて，降りた子は足が地面についても降りようとしない，という絵が子どもたちに見せられる。てっぺんにいる少女は下にいる少年を退かせるための"ちがう"方法をたくさん考えることがグループに求められる。どんな特別な解決法でも，大人が評価を加えない。次の段階は，"…であるや…でない"，それに"…かもしれないやたぶん…"ということばでゲームをしながら，「次に起こるかもしれない」ことについてどんな解決がよい考えでどんな解決がよくない考えかを子どもたちに評価させることである。

公式的で教訓的な授業のプランに加えて，教師は日中現実的な問題が起きたとき，われわれが「ICPSの対話」と呼んできたテクニックである問題解決ア

プローチを使うことを教えられる。たとえば，おもちゃを共有しないことに対して子どもたちをタイムアウトに送る代わりに，彼らが「一緒にプレイをする」を提案することで，子どもたちは何をするかについて考えるプロセスに参加する。次のような質問がなされる。「あなたがおもちゃをとったときのジョニーの気持ちについてどう思う？」，「あなたがおもちゃをとったとき，どうなると思う？」，「彼がとったときには，あなたはどう思う？」，「あなたはそのように感じないで，そのようにならないために，何かちがったことを考えられますか？」などである。

以下は，2人の4歳の男児がおもちゃをめぐってケンカをしたときに，教師が「ICPSの対話」を適用した例である。

教師：マイケル，何に困っているの？
（問題について子どもの見方を引き出すこと）
マイケル：ボクが先にそれをもっていたの。
教師：リチャード，どう思う？
リチャード：ボクが先にそれをもっていたの。
教師：マイケル，リチャードがあなたをたたいたときあなたはどう思う？
（教師は，どちらが最初におもちゃをもっていたかをまったく知らないことを前提に対話を続ける）
マイケル：腹がたった。
教師：それにリチャード，マイケルがあなたをたたいたとき，どう思った？
リチャード：腹がたった。
教師：2人がそのようにお互いにたたき合うと，どうなるの？
リチャード：ボクたちはケンカをします。
教師：あなた方はケンカにならない"ちがった"やり方を思いつきますか，そうすれば2人とも腹がたたなくて，ケンカにならないのだから。
マイケル：ボクたちは空港をつくれるの（ブロックで），ボクはパイロットで，リチャードは（飛行機の）後ろにのっている男の人なの。

子どもたちは不満やフラストレーションを抱えたまま終わるかわりに，自分

自身の解決に満足し，先生から注意されることがなくなるのである。

　上の対話は，いくぶん扱いにくくそれに時間がかかるように思われるだろうが，子どもたちは，この種の会話に反応し，「それが"わたし"の考えです」という言い方で得意げにしていることをわれわれは観察してきている。しかしながら，子どもたちがこのような対話に慣れてきた後は，そっくりこの会話を使う必要はなく，それに「この問題を解決するための"ちがう"やり方を2つあげてください」または「問題解決にICPSを使ってみましょう」と短くすることもできる。

【小学校中学年への介入】

　問題解決の思考スタイルを発展させるために「1つ以上の方法があります」という考え方が15週間にわたって強調して言われる。1つ以上の方法がある，とは，次のようなことがあげられる。：(a)他者の"行動"を"説明する"こと（たとえば，「彼は私に腹をたてているので，たぶん，手をふらないだろう。」，または，「たぶん彼は私を見ないだろう。」），(b)他者の"モチベーション"を"説明する"こと（「[1人で座って他の人のプレイを見ている]少年は，たぶん1人でいたいのだろう」や「たぶん他の人は彼にプレイをさせないだろう」），(c)"問題を解決する"こと（ちがった解決法で，そして方法と目標との関係を考えるスキルがより発達的に洗練された形で），(d)人々が反応する解決や計画が実行されるべきである（可能性のある結果）。年少の子どもたちへの介入の際に，教師も「ICPSの対話」を学校で適用するために訓練される（Shure, 1992c）。

かぎとなる治療要素

【プログラムを学校の授業時間に合わせる方法】

　プレスクールと幼稚園では，教師は物語の時間か子どもたちがグループで一緒にいる時間に，形式的に授業をゲームにして実施することができる。少なくとも，1日に20分の授業（4か月）が行われるのが最善で，その考えが子どもの思考のスタイルの一部になる。可能であれば，授業は小グループで行われる

べきで，それぞれの子どもが最大限に参加できるようにすべきである。特定の学年のためのICPSを完成するのに4か月間かかるが，教師はその学年で言語技法に替わるものとしてICPSが使えることを見いだしている。教師は子どもたちがICPSは言語技法としてよく取り組むこと，それに事実，標準のアチーブメントテストのスコアがICPSを行っている生徒では上昇することを見いだしている。

【柔軟性のある使い方】

われわれの治療の焦点は子どもたちが何を考えるかではなく，"どのように"考えるかを教えることであり，ICPSの"内容"は介入のためにつくりだされた問題解決の"プロセス"にとって刺激となる。教師がプログラムのマニュアルに慣れると，それらの"考え"と考え方の順序が守られれば，授業をゲームにする自分なりの内容をつくりだすことは自由で，奨励もされる。その考えを伝える自分の方法をつくりだすことができる教師は，ICPSを長年続けるためにやる気を起こさせている自分なりの方法を持っているという感覚を見いだしている。

プログラムの運用

【学校への導入】

私は，教師がすでに集まっている全職員の会議で，1時間か1時間半のワークショップを提案し，その際最初は興味のある教師だけが参加するようにそれとなく言うことが最も能率的であることを見いだしている。その方法は抵抗がないし，ICPSということばも広がりやすいし，それにやがて，他の教師も参加したくなるだろう。学校全体に一度にICPSの指示を出すことは，何人かの教師に抵抗を生み出すので，ゆっくりと雰囲気をつくりあげていくのが適していると考えている。ある学校ではピラミッド型のアプローチが上手に使われている。スクールカウンセラーは第1学年の教師を通じて幼稚園の教師をトレーニングし，順に第5学年の教師を通じて第2学年の教師をトレーニングする。

【職員配置】
　教室の教師が子どもたちの最初のトレーナーになることが大切である。まず，ICPSはただリスクの高い子どもたちだけでなく，クラス全体をトレーニングする全員への介入であり，リスクの高い行動を減少させるだけでなくそれらを予防できるプログラムである。1人の部外者が教室に来て，形式的な授業を行い，それから帰り，教師が現実生活を「ICPSの対話」テクニックに組み入れる方法を知らない状況をつくりだす。研究では，対話のない形式的な授業は子どもたちが新しい問題解決スキルを現実生活と結びつけるための手助けにならないし，結果的に授業をゲームにして教え同時に対話が使われるのと同じ影響を行動に与えないことが示唆されている（Weissberg & Gesten, 1982）。さらに教師にとって，教室ではICPSの対話技術の学習も促進され，教師がすることが「無効になる」ことはない，というのがきわめて重要である。教師が子どもたちに状況についての考えや感情を"たずねる"ときは，補佐する者がそのとき子どもたちにすべきことやすべきでないことを"伝え"ないようにする。学校心理士またはカウンセラーのような学校にいる職員は，高いリスクをもつ子どもたちへ彼らが個人的に会い，アプローチを補強するのでたいへん助けになる。

【教師や学校にいる職員のトレーニング】
　ICPSのマニュアルは，可能な限り使用者に使いやすいように計画されているので，教師は個人的に教室で容易に使うことができる。望めば，国のICPSトレーナーによるトレーニングを半日，1日または2日以上利用できる。理想的には，6か月後にICPSトレーナーのフォローアップを受けるのが有益で，必要なときに電話やファクスまたはメールでも十分である。

【トレーニングやプログラムのコスト】
　トレーニングは日に1,000ドルと交通費がかかり，料金は個人のニーズにより交渉できる。ICPSの各マニュアルは39.95ドルかかる。リーダーはICPSに慣れ，教師と働くことに熟達した人が薦められる。

プログラムの再現と配付

4〜12歳のアフリカ系アメリカ人の若者を対象としたわれわれの最初の研究に続き，ICPSは研究とサービスのプログラムとして，全国的にさまざまな人種と所得層の何千という子どもたちに首尾よく実施されてきている。例として，デラウェア州全体にわたる先駆的取り組みがあり，白人，アフリカ系アメリカ人，ヒスパニック，アジア，それにアメリカインディアンなどの子どもたちに実施されている。イリノイ州ネイパービルの学校で行われるICPSは，幼稚園から第5学年を通じて低収入および中程度の収入の階層の白人，アフリカ系アメリカ人，それに東洋系の子どもたちに役立っている。ICPSは，アラバマ，フロリダ，テネシー，シカゴ，イリノイの各州の小学校で先駆的に実施されてきている。1992年，ジョージア州の国立メンタルヘルス協会では，モデルプログラムとしてICPSが取り上げられ，州全体で要所のローカルセンターや学校区の代表者にICPSのトレーニングが提供されている。ICPSは内容よりもむしろプロセスに焦点を当てるので，プログラムには文化的な制約がなく，しかもそれを受ける人々の必要性に合わせることができる。早期にICPSで語彙によることばを使うことは，ヒスパニックの幼稚園児が英語を学習する手助けとなる（Aberson, 1987）。サービスの評価についての資料では，ICPSによるトレーニングを受けた子どもたちは行動的に意味のある変化を示すことが証明されている（Aberson, 1987；Callahan, 1992；Weddle & Williams, 1993）。

評価の研究

われわれの本来の仮説をテストする研究は，問題に対する代わりの解決法と行動の結果とを考える能力について，平均8歳の年齢の子どもたちを対象とし，方法と目標との関係を連続的に計画するスキルについて，各子どもを個人的に年齢に適切なテストを行うことである。各子どもはまた，教室で示す行動について介入の前，後，フォローアップで，教師，仲間，そしてまたは独自の観察者によって観察された。ほとんどのサービスの評価には，行動について介入の

前，後に教師の評定が含まれている。

研究結果の要約

【プレスクールと幼稚園】

子どもたちは2年間にわたって研究された（Shure & Spivack, 1982）。都心に住む113名のアフリカ系アメリカ人の子どもたち（男子47名，女子66名）がナーサリー（保育園）でトレーニングを受け，コントロール群は106名（男子50名，女子56名）であった。69名のトレーニングを受けた子どもがさらに幼稚園で研究に使われ，39名は2年間トレーニングを受け（男子15名，女子24名），30名（男子12名，女子18名）はそれ以上のトレーニングは受けなかった（もっている力を試すため）。コントロール群の62名がなお使われ，35名（男子15名，女子20名）が幼稚園で最初にトレーニングを受け，27名（男子12名，女子15名）はコントロール群のままであった。

すべての4つのグループが，年齢，性差，ビネーIQ（70～147の範囲），それに教師評定による行動特徴について，最初に比較された。

- プレスクール入学前（秋に），トレーニングを受けた子どもたちの36％が行動的に"適応している"（衝動的でないまたは抑制が必要でない）と評定され，コントロール群は47％であった。介入後（春に），トレーニングを受けた幼児の71％が適応していると評定され，コントロール群はわずかに54％であった。
- 介入前に衝動的と評定された子どもの44名がトレーニングを受け，39名がコントロール群であったが，トレーニング後50％が適応的と評定され，コントロール群はわずか31％であった。
- 最初に抑制が必要と評定された子どもの28名がトレーニングを受ける群で，17名がコントロール群であったが，トレーニング後75％が適応的と評定され，コントロール群はわずか35％であった。
- 幼稚園で最初にトレーニングを受けた子どもで始めに適応的と評定された35名と27名のコントロール群では，トレーニングのフォローアップでトレ

ーニングを受けた子どもの83％が適応的と評定され，コントロール群はわずか30％であった。最初に衝動的か抑制が必要かのどちらかの行動を示したトレーニング群の20名とコントロール群の16名では，春に70％が適応的と評定され，コントロール群はわずかに6％であった。
- 6か月後のフォローアップで，プレスクールの終了時点で適応状態のままの80名の子どもたちの71％が依然適応状態にあり，65名のコントロール群では42％であった。そして丸1年後，30名のトレーニング群と27名のコントロール群をくらべると，トレーニング群の77％が適応行動を維持し，これに対コントロール群はわずか30％であった。

同じ子どもたちでICPSの得点に伴う行動の進歩は，次のことを示唆している。つまり，行動の進歩はトレーニングを受けたICPSのスキル，とくに代わりの解決スキルの得点と関連し，その得点が最初のIQやIQの変化では説明されない。2年間の終了までに減少傾向にあるコントロール群の適応状態のパーセントは，ICPSによる介入により上昇する可能性を示唆している。

【第5学年と第6学年】
　プレスクールと幼稚園では，"否定的な"行動を減少させるにはわずか1回の3か月間のエクスポージャーですむが，年長の子どもでさらに低所得層のアフリカ系アメリカ人の子どもたちでは，これらの行動を減少させるためには繰り返して行われるエクスポージャー（第5学年と第6学年の両方で）が必要である。しかしながら，トレーニングを受けないコントロール群では第5学年から第6学年にかけて"より否定的な"行動を示し，ICPSによる介入による予防の必要性が再び示唆される（Shure & Healey, 1993）。
　"肯定的で"，"プロソーシャル"な行動（世話をすること，共有すること，協同すること）は，わずか1回の4か月間のエクスポージャーにより改善した（第5学年）。標準のアチーブメントテストのスコアと学年の本を読むレベルが改善した。これらの学業的なスキルを直接教えることはしなかったが，おそらく行動の進歩により，子どもたちは教室で求められる課題により一層焦点を当てることができるようになったのであろう。

【5年間の長期的研究】

252名の低所得層のアフリカ系アメリカ人の子どもたちを幼稚園から第4学年まで対象としてきたが，幼稚園と第1学年でトレーニングを受けた子どもたちは，第4学年で衝動的行動と引きこもりの行動がもっとも少なくなり，トレーニング終了の3年後の比較では，幼稚園のみで訓練された子どもたちではまた，訓練されなかったコントロール群よりも高いリスクの行動が顕著に少ないことが示された（Shure, 1993）。

【親トレーニング】

家族用のICPSプログラム（Shure, 1996ab）では，低所得層のアフリカ系アメリカ人の母親がまた効果的なトレーニングの代理人であり，彼女たちは家庭でICPSの対話を適用することを最もよく学習し，その子どもたちは介入終了後と3年後の測定で行動の進歩が著しいこと，などが示された。

結 論

先に検討したように，衝動性は，攻撃性と満足を遅延させフラストレーションをコーピングすることの能力のなさから構成され，暴力（他者を傷つける形態）や薬物乱用（自分自身を傷つける形態）など，後になって起こる深刻な問題の重要な予測因子である。抑制されることは個人の権利のために立ち上がる能力のなさ，他者への恐怖と臆病からなり，後年のうつ病とメンタルヘルスの機能不全の他の形態の重要な予測因子である。ICPSの介入により，子どもたちが非常に幼いときに彼らにとって重要な問題を解決することについて考え，中学校，高校，それにその後になっても，彼らの成功と社会的コンピテンスの機会を増す方法で初期の高いリスクをもつ行動を減少し予防するためのスキルを提供することができる。

文　献

Aberson, B. (1996). *An intervention for improving executive functioning and social/emotional adjustment of ADHD children. Three single case study studies.* Unpublished doctoral dissertation. Miami, FL: Miami Institute of Psychology.

Callahan, C. (1992). *1991-1992 evaluation report for the Mental Health Schools project.* Technical Report. Chicago, IL: Mental Health Association in Illinois.

Davis, G. (1966). Current status of research and theory in human problem solving. *Psychological Bulletin, 66,* 36-54.

Shure, M. B. (1992a). I Can Problem Solve (ICPS): An Interpersonal Cognitive Problem Solving program [preschool]. Champaign, IL: Research Press.

Shure, M. B. (1992b). I Can Problem Solve (ICPS): An Interpersonal Cognitive Problem Solving program [kindergarten/primary grades]. Champaign, IL: Research Press.

Shure, M. B. (1992c). I Can Problem Solve (ICPS): An Interpersonal Cognitive Problem Solving program [intermediate elementary grades]. Champaign, IL: Research Press.

Shure, M. B. (1996a). Raising a Thinking Child. New York: Pocket Books.

Shure, M. B. (2000). Raising a Thinking Child Workbook. Champaign, IL: Research Press.

Shure, M. B., & Healey, K. N. (August, 1993). Interpersonal problem solving and prevention in urban fifth- and sixth-graders. Paper presented at the American Psychological Association, Toronto.

Shure, M. B., & Spivack, G. (1972). Means-ends thinking, adjustment and social class among elementary school-aged children. *Journal of Consulting and Clinical Psychology, 38,* 348-353.

Shure, M. B., & Spivack, G. (1982). Interpersonal problem solving in young children: A cognitive approach to prevention. *American Journal of Community Psychology, 10,* 341-356.

Shure, M. B. (1993). *Interpersonal problem solving and prevention.* A comprehensive report of research and training. #MH-40801. Washington, DC: National Institute of Mental Health.

Spivack, G., & Levine, M. (1963). Self-regulation in acting-out and normal adolescents. Report #M-4531. Washington, DC: National Institute of Health.

Spivack, G., & Shure, M. B. (1974). *Social Adjustment of Young Children.* San Francisco: Jossey-Bass.

Weddle, K. D., & Williams, F. (1993). *Implementing and assessing the effectiveness of the Interpersonal Cognitive Problem-Solving (ICPS) curriculum in four experimental and four control classrooms.* Technical Report. Memphis, TN: Memphis State University.

Weissberg, R. P., & Gesten, E. L. (1982). Considerations for developing effective school-based social problem-solving (SPS) training programs. *School Psychology Review, 11,* 56-63.

❷ 思春期の子どもの家族との絆を強めるプログラム

Virginia Molgaard, Richard Spoth

　親と10歳から14歳の青年のための家族との絆を強めるプログラム（Strengthening Families Program：For Parents and Youth 10-14, SFP10-14）は，若者の薬物乱用と他の問題行動を減少させるために計画されたビデオベースのプログラムである。目的は，次の3つである。

① リスクを減少させ予防要因を形成するために，若者にスキルを形成すること
② 若者のリスクを減少させるために，既存の親のやり方を改善すること
③ 若者をサポートし導くために，より強い家族のユニットを築き上げること

　SFP10-14は，すべての経済的かつ教育的水準にある民族的に異なった一般的な人々のために計画された普遍的なプログラムである。小学校高学年から中学校の年齢段階にある10歳から14歳の若者は，親といっしょにプログラムに参加し，スキルを実践する。

> KEYWORDS 薬物乱用，家族への介入，ビデオによるプログラム

　発達の過渡期にある子どもたちでは，子どもたちの感受性が高まり問題行動が発展することが研究から示されている。青年が小学校からミドルスクール（11〜14歳の子どもが通う学校）または中学校に進級するとき，彼らはしばしば社会的な課題に直面し，より広範囲の仲間グループと仲良くやっていくことを学習する（Caplan & Weissberg, 1989）。子どもたちが最初に薬物を使った

と打ち明けるのは、この青年期の早期である（薬物乱用に関する国立研究所：National Institute on Drug Abuse, 1997）。青年期の発達に関するカーネギー会議（Carnegi Council on Adolescent Development）のレポート（1995）では、現代の社会状況でこの発達段階はとくにリスクがあると特徴づけられている。親の育児が役に立たなくなることがとくに明らかな時期である。親と10歳から14歳の青年のための家族との絆を強めるプログラム（SFP10-14）は、ミドルスクール年齢の青年と親のために科学的に検証されたプログラムで、青年の薬物乱用と行動問題を減少させ、親にスキルを形成し、それにより強い家族のユニットをつくりだすために計画されたものである。ビデオベースの7セッションのプログラムは白人家族だけでなく、アフリカ系アメリカ人、ヒスパニックの家族にも適しており、青少年の裁判と犯罪防止局（Office of Juvenile Justice and Delinquency Prevention），薬物乱用防止センター（Center for Substance Abuse Prevention）による模範的なプログラムとして、それに米国教育省のモデルプログラムとして認められている。麻薬乱用に関する国立研究所は、科学的に検証されたプログラムとしてそのプログラムを認めている。446家族についてのプログラムの長期的な研究で、若者と親は双方ともスキルを獲得した。介入の条件下での青年の間の薬物使用と攻撃行動は、ベースラインアセスメントの4年後の第10学年でのフォローアップアセスメントで、コントロール群の青年よりも顕著に低下した。

プログラムの背景と歴史

SFP10-14は、アイオワ州立大学（ISU）の社会的行動的リサーチ研究所（Institute for Social and Behavioral Research）において、ISUの遠隔地に対する拡張サービス（ISU Extension）と協同で、研究所に設置されたプロジェクトファミリー（Project Family）を通して発展させられ、評価された。プロジェクトファミリーは、第2著者が指揮した「アクションリサーチ」プロジェクトであり、それは、若者と家族への介入の必要性のアセスメント、介入への参加に影響を及ぼす要因、絶対多数を占める家族と少数の家族の両方についての介入の結果のアセスメント、それに経験的に支援された介入の普及などを目

的とした一連の相互に関係のある研究からなっている（Spoth, 1999；Spoth & Molgaard, 1999）。

　1992年に，ユタ大学でK. Kumpferとその共同研究者によって発展した家族との絆を強めるプログラム（SFP）を検証するために，そのプロジェクトは国立メンタルヘルス研究所（National Institute of Mental Health；NIMH）からの奨学金を受けた（Kumpfer, DeMarsh, & Child, 1989）。研究は，農村の家族の前青年期の子どもと青年期前期の子どもたちを使い，一般の人々を対象としてプログラムを検証するために計画された。K. Kumpferを含むプロジェクトファミリーの研究者は，中西部の農村地方の年長の子どもたちを使い，一般的な人々の必要性を満たすためには，SFPの本質的な改訂が必要であることで合意した。K.Kumpferの共同研究者の第1著者がSFPをつくりかえるために，最初のプログラムのフォーマットと同一の7週間カリキュラムを発展させた。つまり，SFPの改訂ではまた，参加者が家族ユニットで一緒にスキルを実践する家族セッションだけでなく，親と若者のための別のセッションがある。

　アイオワ式家族との絆を強めるプログラム（ISFP）と呼ばれる新しく改造されたプログラムについての肯定的な研究結果に基づき，新しいプログラムが改訂され，異なる民族の家族にも適切であるように作成され，親と10歳から14歳の青年期のための家族との絆を強めるプログラム（SFP10-14）と名前を改められた。現在のカリキュラムのバージョンは7セッションに加えて補強の4セッションからなり，現在アフリカ系アメリカ人の家族と都心部の家族で検証されている。

　SFP10-14の理論的枠組みは，生物心理社会的脆弱性モデル（Biopsychosocial Vulnerability Model）（Kumpfer, Tunnel & Whiteside, 1990）や他の経験をベースとした家族のリスクと予防要因（Kumpfer, Molgaard Spoth, 1996）などに基づいている。この枠組みによれば，心理社会的リスク変数のかぎとなる組み合わせは，家族ストレッサー（たとえば，家族の葛藤，金銭面のストレス）と相互作用のある家族の態度や価値に関連のある変数で，家族のコーピングスキルと資源（たとえば，効果的な家族のマネジメント，葛藤の解決や問題解決スキル，コミュニケーションスキル，社会的かつ人材的サポート）により緩和される。これらの家族のリスク，コーピングスキ

ル，それに資源はコミュニティや学校との相互作用として，また薬物乱用や他の行動問題を含む青年期の適応の結果に影響を及ぼす仲間と関連する変数としてみなされている。この理論的な枠組みには，家族が相対的に青年期後期よりも前青年期と青年期前期の子どもたちにいっそう影響を及ぼすという発達的な観点が想定されている。SFP10-14の理論的な基礎についての詳細は，Kumpfer, Molgaard, & Spoth, 1996を参照すること。

プログラムの構成と内容

　SFP10-14は，親と若者のための7セッションと補強の4セッションからなる。親と若者は，各セッションの最初の1時間はスキルの形成のセッションに別々に参加し，次の1時間はスーパービジョンをうける家族活動に一緒に参加する。プログラムは8～13家族，片親，二親または里親のために計画されている。片親は，子どもの参加を促すことができる広範囲の家族メンバー（たとえば，祖父，祖母，おばまたはおじ）に参加を依頼するように勧められる。

　若者と親のセッションはほとんどのセッションが類似した内容で，家族セッションでは強化とスキルの実践が行われる。たとえば，親は若者がルールを破った時の対応について学習している間，若者はルールに従うことの大切さについて学習している。その後の家族セッションで，若者と親はルールが破られたときに家族として使う問題解決について実践する。

　若者のセッションでは，未来への前向きの夢と目標を強めること，ストレスと強い情動を扱うこと，親や年上の人に感謝すること，責任をもつことへの願望を強めること，それに仲間からのプレッシャーを扱うスキルを形成すること，などに焦点が当てられている。親のセッションでは，アルコールと薬物の使用についての信念と期待を若者と共有することはもとより，前青年期の子どもと青年期前期の子どもに親が積極的な影響を及ぼす可能性について話し合うこと，この年代の若者の発達的な特徴を理解すること，養育に必要な支援を与えること，毎日の相互作用で効果的に子どもたちを扱うこと，適切な制限を設けること，それに合理的で礼儀正しい結果になるように努めることなどに焦点があてられる。家族セッションの間，親と若者は尊敬の念をもって聞くこととコミュ

ニケーションをすること，家族の強さと家族の価値を明確にすること，責任について教え問題を解決するために家族ミーティングを行うこと，それに楽しい家族活動のプランを立てることなどを実践する。若者，親，家族のセッションでは，話し合い，スキルの形成活動，建設的な行動のモデルをするビデオテープを見ること，それにスキルを形成し家族メンバー間の積極的な相互作用を強めるために計画されたゲームなどが使われる。

プログラムの実施

　3名のグループリーダーが必要である。1人は，親のセッションをリードし，2人は若者のセッションをリードする。家族セッションでは，グループリーダーの役割は，教師からファシリテーターに変わり，各グループリーダーは各セッションで同じ家族と作業をし，3から4家族に責任をもつ。グループリーダーには標準のプログラムの範囲内で，説得力のあるプレゼンテーションと促進のスキル，親および（または）若者と作業をする経験，家族のスキルを形成するプログラムへの情熱，参加者個人や活動に柔軟に対応する能力などが必要である。グループリーダーには，広範囲の背景と専門的な興味をもつ人々がなるのが効果的である。つまり，教師，スクールカウンセラー，家族と若者のためのサービスワーカー，メンタルヘルススタッフ，拡張サービス協同組合（Cooperative Extention）のスタッフ，聖職者，それに教会の若いスタッフとプログラムに参加しスキルを獲得した親，などである。

　プログラムの適切な実施場所は，学校，社会的サービス機関，教会，またはコミュニティセンターで，少なくとも2室必要で，1室は若者と両親が一緒に活動するのに十分である必要がある。すべてのセッションで，テレビとVCR（ビデオカセットレコーダー）が必要である。一般的に，7セッションは毎週ウィークデイの夜行われる。最もよいのは，4つの補強セッションが第7セッション後に3から12か月の間に実施されることである。

プログラムのインセンティブ

　食事を用意する補助金があれば，またはボランティアグループが快く食べ物を用意すれば，食事が出席への強力なインセンティブとなる。多忙な家族は，仕事や学校から直接来ることができるだろう。支援グループに食事のための資金がなければ，家族セッションの終わり20分におやつが用意されるとよいだろう。適切な子どものケアをしている何組かの家族にとっては，そのことがプログラムに規則的に参加し出席することを可能にするだろう。子どものケアワーカーに支払う資金がない場合は，ファシリテーターは教会，4-Hクラブ（米国農務省に本部を置く農村青年教育機関の一単位，4-Hとはhead, hands, heart, health）または他のクラブグループの支援に協力を求めるだろう。いくつかの家族には，運送手段がまた大切であろう。グループはバンを借りるかレンタルするだろうし，あるいは家族がいっしょに車に乗ることが奨励される。SFP10-14のために家族を勧誘したり再訓練するのに使われている他のインセンティブは，食べ物のおごりまたは食料雑貨のクーポン券，あるいは食べ物のスナックの週ごとの抽選，それに家族ゲームなどである。

トレーニング

　2日間の実施場所でのトレーニングでは，プログラムの背景，目標，内容，それに評価などの一般的な情報が扱われる。参加者は親，若者，それに家族のセッションの100以上のプログラムの活動に加わり，勧誘のための推薦を含むSFP10-14の実施についての実際的な考慮すべきことについての情報を受け取る。トレーニングの後，ファシリテーターのための電話とe-mailによるコンサルテーションと技術的な支援が無料で利用できる。自分の自治体または都市の中でSFP10-14のトレーニングを行うことを望む専門家は，トレーナー養成のプロセスに参加するだろう。このプロセスに関する情報は，第1著者に連絡を望む。

教授マニュアルに含まれるプログラムの材料

- ビデオテープの台本のほかに教授法の概略とすべての活動の詳細な教示
- プログラムの背景についての情報を含む概説部分とSFP10-14を実施するための実践上考慮すべき内容
- 評価の様式を含んだ各ワークシート，ポスター，それに配付資料などの原盤

プログラムの材料にはまた，9巻のビデオテープが含まれる。親セッション用の6巻のビデオテープ，若者のセッション用が1巻，家族セッション用が2巻ある。補強セッションには別の215頁のマニュアルと2巻の補強ビデオが必要である。

家族の勧誘と保持

SFP10-14のプログラムのプロセスは，親と若者の双方が経験に基づいて学習しスキルを形成するために勧誘され取り組むために計画されている。SFP10-14への効果的な勧誘には，次のものがある。

① 他のコミュニティの機関とのネットワーク
② プログラムについて，積極的な文書を作成すること（「あなたの家のお子さんが十代にうまく行く手助けをするために来てください」）
③ 家族を個別に招待すること。

家族の勧誘と保持に，プログラムの材料とカリキュラムの特色が助けになっている。

- プログラムに参加している家族を映した促進ビデオとパンフレット
- ゲームに似た学習活動と相互作用の経験
- 親と若者のセッションで見られるグループによるサポート
- 日常生活に似たシナリオで若者と親の相互作用を示すビデオテープ

- 家族ゲームとその企画
- 親と若者がセッションで学習した1つのことを共有する終了の集団活動

スキルの維持

　プログラムを通して学習されたスキルの維持を奨励する方法がいくつかある。最後の家族セッションで，グループリーダーは，プログラムで毎週収録した若者，親，それに家族セッションのスライドを使いながら，スライドショーまたはポータブルビデオカメラによるプレゼンテーションを行う。各家族は家に飾るための写真を入れた枠付きの修了書を与えられる。また，最後のセッションで，親は子どもたちにプログラムの内容に関連した一定の様式の手紙を書き，子どもたちも同様な手紙を親に書く。これらの手紙はプログラムのファシリテーターが集め，最後のセッションの1か月後に家族に郵送する。さらに，いくつかの家族の活動がポスターにされ，参加者は家庭に飾るためにポスターをもって帰る。

プログラムの普及

　ISUの拡張サービスと協同で，プロジェクトファミリーは国立メンタルヘルス研究所によって資金を提供されたカリキュラムの科学的な試験を受け続ける。拡張サービスは，プログラムの改編，プログラムの実施，それにカリキュラムの材料の配布に責任を持っている。拡張サービスはアイオワ州で行われるサービスに責任があるが，独自の請負人はアイオワ州の外部で，実施場所でのトレーニングを提供する。今まで，40州の自治体から材料の注文があり，15の州で実施場所でのトレーニングが行われている。アイオワ州内で500人以上のファシリテーターがトレーニングを受け，300以上のコミュニティでプログラムが実施されている。SFP10-14を普及するグループの活動には，拡張サービス協同組合，公立学校，メンタルヘルスと社会的サービスの機関，教会，薬物乱用防止機関，それに裁判制度を通じ判決を受けた若者とのグループによる作業などがある。

プログラムのコスト

　プログラムのコストとしては，各ファシリテーターのための415頁の教授マニュアルが175ドルと9巻のビデオテープのセットが250ドル（プラス船便代）かかる。2日間のトレーニングコストは，2,500ドルと2名のトレーナーの旅費，宿泊代それに日当がかかる。教授マニュアル，ビデオ，それにトレーニングコストに加えて，実施にかかるコストとしてファシリテーターの手当，子どもの世話，交通費，それにオプションの食事かおやつなどが必要である。すべての配付資料，ワークシートそれにゲームの教授法などの原盤が，マニュアルに含まれる。それから，これらの項目を複写するときのコピー代もかかる。各家族へのプログラムの配給には，約15ドル＋船便代がかかる。

　1グループ10家族のための上にあげた費用の全コストは，3,000ドルプラストレーニングコストである。この数字には，交通費，部屋や備品のレンタル，または食物などのコストは含まない。コストは場所によって異なり，ファシリテーターと子どもの世話をするワーカー，家族への供給のコスト，印刷，それに食事又はおやつが用意されたかどうかにより変化する。

コミュニティ内でのステークホルダーの確保

　出資機関やグループからの関心と参加を確保することは，SFP10-14が首尾よく実施されるための第1ステップである。ステークホルダーを巻き込むためのうまくいくモデルは，家族を勧誘する推薦の方法と同様で，以下に概略が述べられている。対象となったグループの親はもとより，社会的サービス機関，学校，教会，家族に焦点を当てたコミュニティ内のグループまたは拡張サービス協同組合などのスタッフのグループが，1～2時間の情報提供のミーティングに招待される。このミーティングで，参加者はSFP10-14に参加している家族が映った5分間の普及促進のビデオテープを見せられる。OHPまたはポスターなどにより，プログラムの目玉となる特徴，プログラムのトピック，それに研究から得られた親や若者の明確な結果などが示される。次に，参加者はプ

ログラムの内容やスタイルの感じを味わうために，1～3つの短いプログラムの活動に参加する。最後に，参加者はプログラムについて書かれているカラフルなパンフレットと他の印刷物を数枚もらう。それから，彼らはプログラムに取り組む可能性がある関心を示す。

　ステークホルダーが確保されれば，次のステップは資金を確保することで，既存の機関の予算，ボランティアの使用などによるか，または補助金の申請のいずれかによる。補助金の申請の申し込みに，教授マニュアルに載っているプログラムと研究結果を説明する情報が使われるだろう。

実施を容易にするプログラムの特色

　SFP10-14の例外的な特徴の1つは，実施が容易なことである。教授マニュアルにはすべての活動の詳細な指示が載り，すべてのポスターと配付資料の原盤がある。マニュアルとその普及促進の材料は，1998年に農務省の教育情報のキャンペーンで，傑出した教育材料またはプログラムであるとして農業情報伝達者（Agricultural Communicators）の賞を受けている。

　マニュアルのグラフィックデザインがあるので，ファシリテーターがセッションの間マニュアルをたやすく準備し使うことが可能である。各セッションは，セッションの内容の表，必要とされる材料の詳細なリストと特殊なセッション目標などが載っているカバーページから始められる。セッションの概略には，ファシリテーターを助けるために指示のためのアイコンがあり，彼らが目的通りにカリキュラムを実施するのを手助けするために学習ゲームと活動について視覚的な例示を与える。

　多くのプログラムセッションでビデオテープを使えば，プログラムの実施がさらに容易になる。プログラムは親のセッションのすべてのビデオテープ，若者のセッションのための2つのビデオテープ，それに家族セッションのための2つのビデオテープに収められているので，プログラムの配布が規格化され，それに親子の間そして若者の仲間との間の上手な相互作用が視覚的に提示されるので，彼らの学習が動機づけられ改善される手助けとなる。ビデオテープにはグループの討論と活動のための時間を計るカウントダウンがあり，ファシリ

テーターはセッションの始めにビデオをスタートさせ，それから親のセッションの時間中動かしておく。このことは，各グループが同じ内容を受け取り，そのグループが時間通りに存在し，2時間目の家族セッションへ備えることを確実にする。ファシリテーターがプログラムを簡単に実施できる要因には，まず教授用の材料の特色があり，さらに各トレーニングセッションを忠実に実施するのに必要な情報も見逃せない。

科学的評価の結果

初期のSFPの内容の改編とその後の実用性の研究に続き，長期のフォローアップによる評価も入れた大規模な予防についての試験が中西部の田舎の19の地方で行われた。試験後のデータの収集に加えて，フォローアップデータの収集が，試験前のデータの収集後のほぼ1年半後，2年半後，それに4年後にわたって行われた。選ばれた学校は，人口8,500人以下の田舎のコミュニティに位置していた。これらのコミュニティでは，学校のランチプログラムに参加する家族のパーセンテージが相対的に高かった。

実験計画では，33校が3つの条件の1つにランダムに割り当てられた。3つの条件とは，①「アイオワ大学式家族との絆を強めるプログラム」(ISFP)，②「薬物から自由になる年月の準備 (Preparing for the Drug Free Years；PDFY)」(Catalano & Hawkins, 1996) (5セッションからなる若者と家族のためのプログラム)，または，③最小限の接触を行うコントロール条件である。コントロール条件の家族は，拡張サービス協同組合の職員が書いた親になるための4つのガイドラインのセットを受け取った (詳しくは，Spoth, Redmond, & Shin, 1998を参照)。下に述べられた結果は，ISFP家族とコントロール家族から得られた結果を示している。

測定とデータ収集

結果の評価には，テスト前，テスト後，フォローアップの各データ収集地点で，多様な資料提供者を用いた多様な方法による測定手続きが使われた

(Spoth & Redmond, 1996 ; Redmond, Spoth, Shin, & Lepper, 1999 ; Spoth, Redmond, & Shin, 1998)。アセスメントは，構造化された家族の相互作用の課題のビデオテープ，多数の標準化された尺度を用いた家庭でのインタビューにより行われた。

全体で161家族が，11校で21のISFPグループに参加した。グループは3から15家族で構成され，グループの平均は8家族で，大人は平均12名，青年は8名であった。片親と二親の家族が参加した。二親家族の半分以上で，少なくとも数セッションに両親が参加した。5セッションかそれ以上のセッションで，テスト前の調査を受けた家族の家族メンバーが94パーセントの参加率を示した。

結 果

長期の統制された研究で集められたデータの分析で，親と若者の両方にはっきりした結果が得られた。介入グループとコントロールグループの比較では，介入により直接目標とされた親としての行動が顕著に改善した（たとえば，薬物使用のルールと結果の明確化，積極的な親と子の関わり合いのレベルの向上）。さらに，これらの行動は全般的な子どものマネジメント（たとえば，標準的な条件の設定，モニタリング，効果的なしつけ）と親と子の愛情の質（たとえば，積極的な愛情の表現）と密接に関連していた（Russell, Kahn, Spoth, & Altmaier, 1999 ; Spoth, Redmond, & Shin, 1998を参照）。

1年半後のフォローアップでのアセスメントの際に，介入の修正モデルのテストでも同様な結果が見られた（Redmond, Spoth, Shin, & Lepper, 1999）。若者の薬物使用やそれと関連する子どもの問題（たとえば，路上での薬物使用，行為の問題，学校と関連する問題行動，反社会的な仲間との親交，仲間への妨害）は，下に述べたようにフォローアップアセスメントで明白な結果を示した（図2-1，2-2，2-3を参照）。

研究では子どもたちの年齢が低いので，問題行動の結果に介入とコントロールとの間の顕著な差が，ベースラインから1年半の後のフォローアップとその後のアセスメントで最初に見つけられることが期待された。この期待どおり，

多水準共分散分析（ANCOVA）では，事前テストの1年半後と2年半後の時点で，薬物使用，行為の問題（たとえば，身体的攻撃，ささいな盗み，所有物への損害），学校と関連する問題行動（たとえば，怠学，カンニング），仲間からの反感，それに反社会的な仲間との親交などに，介入とコントロールとの間の顕著な差が見られた（Spoth, Redmond, & Project Family Research Group, 1997；1998）。個人的な薬物使用行動の詳細な分析は，介入グループとコントロールグループ間で著しい差を示した。たとえば，親の許可なしに最初にアル

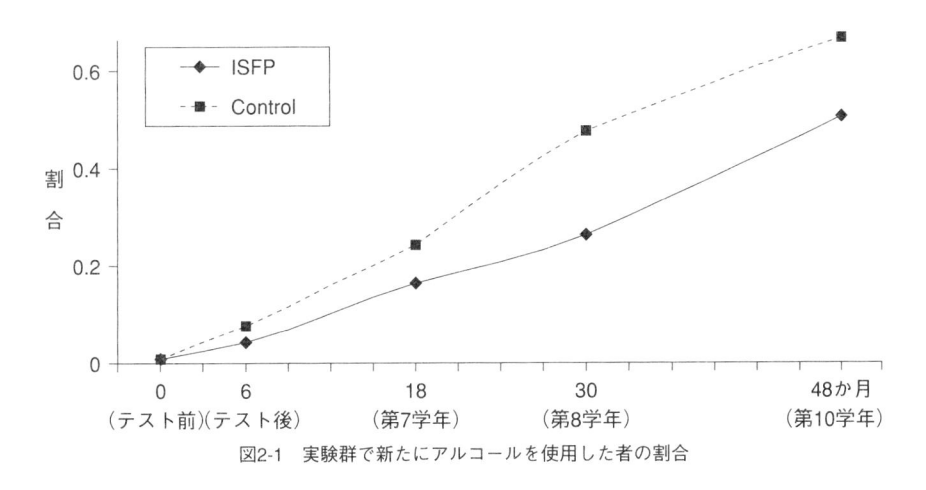

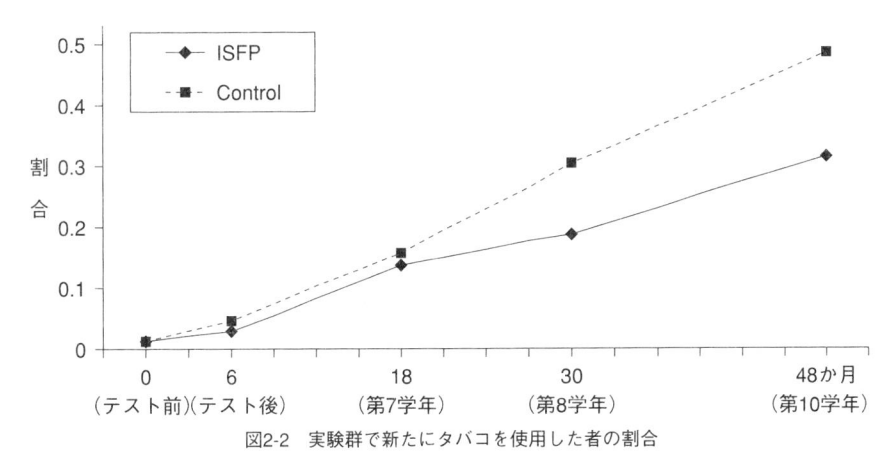

図2-1　実験群で新たにアルコールを使用した者の割合

図2-2　実験群で新たにタバコを使用した者の割合

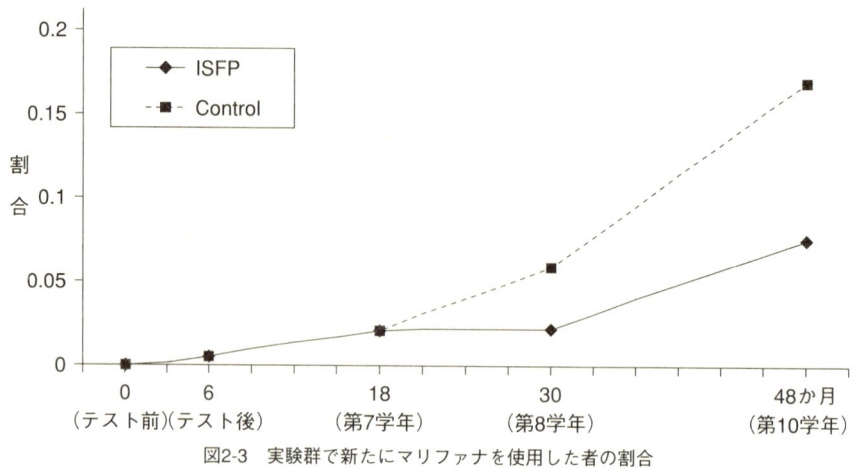

2 思春期の子どもの家族との絆を強めるプログラム

```
    0.2
          ─◆─ ISFP
   0.15   ──■── Control

割
合  0.1

   0.05

     0
        0      6      18      30         48か月
     (テスト前)(テスト後)(第7学年)(第8学年)  (第10学年)
```

図2-3 実験群で新たにマリファナを使用した者の割合
出典：Spoth, Redmond, & Shin (1999) Randomized trial of brief family interventions for general populations: Reductions in adolescent substance abuse four years following baseline. Manuscript under review.

コールを使用することについては，介入グループでは1年半後のフローアップで，60パーセントも相対的に減少した（Spoth, Redmond, & Lepper, 1999）。

さらに，たばこ，アルコール，または他の薬物を使用しなくなる可能性が試された。1年半後のフォローアップアセスメントで薬物使用を始めなかったISFPグループの子どもたちは，2年半後のアセスメントまでコントロールグループの子どもたちより使用を始めそうではなかった（Spoth, Reyes, Redmond, & Shin, 1999）。最後に，薬物使用の開始と通常の使用（アルコール，タバコ，それにマリファナ）や他の問題行動（敵意のある攻撃的行動）についての最近の分析では，ベースラインの4年後に明確な結果が示されている。とりわけ，コントロールグループの若者と比較して，ISFPグループの若者ではアルコール，タバコ，それにマリファナなどの使用の開始が顕著に遅く（Spoth, Redmond, & Shin, 1999a），アルコールとタバコの使用の頻度が顕著に低く（Spoth, Redmond & Shin, 1999b），両親との相互作用で顕在的かつ潜在的な攻撃的行動と敵意が顕著に低い水準である（Spoth, Redmond, & Shin, 1999b）ことがわかった（図2-3を参照，薬物使用開始における介入グループとコントロールグループのデータ収集地点を通した比較）。

文 献

Botvin, G. J. (1996). *The Life Skills Training*. Princeton, NJ: Princeton Health Press, Inc.

Caplan, M., & Weissberg, R.P. (1989). Promoting social competence in early adolescence: Developmental considerations. In B.H. Schneider, G. Attili, J. Nadel, & R.P. Weissberg (Eds.), *Social competence in developmental perspective* (pp. 371-385). Boston: Kluwer Academic.

Carnegie Council on Adolescent Development. (1995). *Great transitions: Preparing adolescents for a new century*. New York: Carnegie Council of New York.

Cztzlono, R. F. & Hawkins, J. D. (1996). The social development model: A theory of antisocial behavior (Ed.), *Delinquency and crime: Current theories* (pp. 149-197) Cambridge University Press.

Hawkins, J.D., Catalano, R.F., & Miller, J.Y. (1992). Risk and protective factors for alcohol and other drug problems in adolescence and early adulthood: Implications for substance abuse prevention. *Psychological Bulletin, 112*(1), 64-105.

Kumpfer, K. L., Trunnell, E. P., & Whiteside, A. O. (1990). The biopsychosocial model: Application to the addictions field. In R. C. Engs (Ed.) *Controversy in the Addiction Field*. Dubuque, IA: Kendall/Hunt Publishing Co., 55-66.

Kumpfer, K.L., DeMarsh, J.P., & Child, W. (1989). *Strengthening Families Program: Children's skills training curriculum manual, parenting training manual, children's skill training manual, and family skills training manual* (Prevention Services to Children of Substance-Abusing Parents). Salt Lake City: University of Utah, Social Research Institute, Graduate School of Social Work.

Kumpfer, K.L., Molgaard, V., & Spoth, R. (1996). The Strengthening Families Program for the prevention of delinquency and drug use. In R.D. Peters & R.J. McMahon (Eds.), *Preventing childhood disorders, substance abuse, and delinquency* (pp. 241-267). Thousand Oaks, CA: Sage.

Molgaard, V. K., Kumpfer, K. L., & Fleming, E. (1997 revised). *The Strengthening families program: For parents and Iowa youth 10-14 leader guide*. Ames, IA: Iowa State University Extension.

National Institute on Drug Abuse. (1997). *Preventing drug use among children and adolescents: A researched-based guide* (NIH Publication No. 97-4212). Rockville, MD: Author.

Redmond, C., Spoth, R., Shin, C., & Lepper, H. (in press). Modeling long-term parent outcomes of two universal family-focused preventive interventions: One year follow-up results. *Journal of Consulting and Clinical Psychology, 67*(6), 975-984.

Russell, D. W., Kahn, J., Spoth, R., & Altmaier, E. M. (1998). Analyzing data from experimental studies: A latent variable structural equation modeling approach. *Journal of Counseling Psychology, 45*(1), 18-29.

Spoth, R., Redmond, C. & Project Family Research Group (1997). *Rural youth at risk: Extension-based prevention efficacy*. Unpublished manuscript. Proposal for grant funded by National Institute of Mental Health.

Spoth, R., Redmond, C. & Project Family Research Group (1998). *Rural family and community drug abuse prevention project.* Unpublished manuscript. Proposal for grant funded by National Institute on Drug Abuse.

Spoth, R. (1999). Family-focused preventive intervention research: A pragmatic perspective on issues and future directions. In R. Ashery, E. Robertson, & K. Kumpfer (Eds.), *NIDA Research Monograph on drug abuse prevention through family interventions* (pp. 459-510). Rockville, MD: National Institute on Drug Abuse.

Spoth, R., & Molgaard, V. (1999). Project Family: A partnership integrating research with the practice of promoting family and youth competencies. In T.R. Chibucos & R. Lerner (Eds.), *Serving children and families through community-university partnerships: Success stories.* (pp. 127-137). Boston: Kluwer Academic.

Spoth, R. & Redmond, C. (1996). A theory-based parent competency model incorporating intervention attendance effects. *Family Relations, 45,* 139-147 (special issue on family-related preventive interventions).

Spoth, R., Redmond, C., & Lepper, H. (1999). Alcohol initiation outcomes of universal family-focused preventive interventions: One- and two-year follow-ups of a controlled study. *Journal of Studies on Alcohol* [Invited article for special issue on alcohol and the family], (Suppl. 13), 103-111.

Spoth, R., Redmond, C., & Shin, C. (1998). Direct and indirect latent-variable parenting outcomes of two universal family-focused preventive interventions: Extending a public health-oriented research base. *Journal of Consulting and Clinical Psychology, 66*(2), 385-399.

Spoth, R., Redmond, C., & Shin, C. (1999a). *Randomized trial of brief family interventions for general populations: Reductions in adolescent substance use four years following baseline.* Manuscript under review.

Spoth, R., Redmond, C., & Shin, C. (1999b). *Reducing adolescents' hostile and aggressive behaviors: Randomized trial affects of a brief family intervention four years past baseline.* Manuscript under review.

Spoth, R., Reyes, M.L., Redmond, C., & Shin, C. (1999). Assessing a public health approach to delay onset and progression of adolescent substance use: Latent transition and loglinear analyses of longitudinal family preventive intervention outcomes. *Journal of Consulting and Clinical Psychology, 67*(5), 619-630.

❸ 学校ベースの親,教師,子どもの トレーニングシリーズ

Carolyn Webster-Stratton

　この章は,驚くべき発達を示す年齢段階（Incredible Years）の子どもたちの一連のトレーニングをまとめたものである。これらのトレーニングは,親,教師,子どもたちのための経験的に妥当性があり統合された3つのプログラムからなり,3～8歳までの幼児の社会的コンピテンスを高め,行為の問題を予防し,減少させ,治療するために計画されている。論文ではまた,行為の問題が早期に進展することに関係するリスクと予防の要因を説明し,これらのトレーニングによる介入は修正が可能であるそれらのリスク要因にどのように焦点を当てるかを述べている。トレーニングの方法,内容,それにプロセスが説明されている。最後に,これらのプログラムのそれぞれについて選び出された研究のハイライトが述べられている。

> KEYWORDS　社会的コンピテンスを高めること,リスクをもつ子どもたち,親と教師のトレーニング

プログラムの使命と目標

　ワシントン大学でCarolyn Webster-Stratton教授が開発した,驚くべき発達を示す年齢段階：親,教師,それに子どもたちの一連のトレーニングでは,年少の子どもたち（3～10歳）の社会的コンピテンスを高め,攻撃性やそれと関係する行為の問題を予防し,減少させ,治療するために計画されたプログラム

の広範囲の組み合わせである。この組み合わせを構成する3つのタイプの介入があり，それらは親トレーニング，教師トレーニング，それに子どもトレーニングで，これらのトレーニングには行為の問題の進展に多様に相互に作用するリスク要因と予防要因（子ども，家族，それに学校）の役割に関係する発達理論が基礎になっている。過去20年以上にわたって，これらのプログラムは反抗挑戦性障害（Oppositional Defiant Disorder；ODD）や行為障害（Conduct Disorder；CD）と診断された子どもたちの治療プログラムとして，6つの無作為に抽出されたコントロールグループの研究で評価されている。これらのプログラムの改訂されたバージョンが，高いリスクをもつ多様な民族の人々，つまりヘッドスタート（Head Start）[注]やデイケアの教師，親，子どもたちの学校ベースの予防プログラムとして，3つの無作為に抽出された研究で評価されている。プログラムは他の独自の研究者によって実施され（たとえば，Spaccarelli, Cotler, & Penman, 1992；Taylor, Schmidt, Pepler, & Hodgins, 1988），次の3つの目的を達成するために経験的に有効であると認められている。

　目的の1つ目は，「子どもの社会的コンピテンスを高めること」で，子どもたちのソーシャルスキルと適切なプレイのスキルを強くすること，問題解決スキルと怒りマネジメントの戦略を促進すること，セルフエスティームを増進すること，学業的な成功と読書レディネスを高めること，挑戦的態度，攻撃的行動，それに関連する行為の問題（たとえば，不従順，仲間をいじめること，拒絶）を減少すること，子どもたちの否定的な帰属を減少すること，それに共感的スキルを増進することなどからなっている。

　目的の2つ目は，「親のコンピテンスを促進し，家族の絆を強めること」で，親としての役割とコミュニケーションスキルを高めること，積極的な戦略（たとえば，無視すること，自然な成り行きを利用すること，再方向づけ）により批判的で暴力的なしつけを減少すること，親の問題解決スキルと怒りマネジメントを改善すること，家族のサポートネットワークと学校への参加を強めること，それに親と教師の連携を助けることなどからなっている。

注：低所得層の0～5歳の子どもたちの教育を行う施策

目的の3つ目は，「教師のコンピテンスを促進し，家庭と学校の連携を強めること」で，教室で効果的なしつけ戦略の利用，家庭と学校の協同，それにソーシャルスキル，怒りマネジメント，問題解決スキルなどのトレーニングのような率先的な教授法によるアプローチを含めて，教師の効果的な教室マネジメントスキルを強めることからなっている。これらの早期の予防プログラムの長期の目標は，暴力，CD，麻薬乱用それに後年の非行を減少することである。

プログラムの理論的根拠

【問　題】

　子どもの攻撃性の発生率は，上昇かつ低年齢化している。プレスクールと小学校低学年の子どもたちの7～20％がODDとCDの診断基準を満たすことが研究から明らかにされた。この比率は，低収入の生活保護家族では35％と高くなっている（Webster-Stratton & Hammond, 1998）。行為障害の治療と予防の研究は，国の最も高い優先事項の1つとして明確にされている（NIMH, 1996）。広範に及ぶ非行の発生とエスカレートする青年の暴力の発生率の上昇は社会に対して高い経費を求める結果になっているので，この事項は極めて重要である。プレスクールの子どもたちに見られるODDやCDの「早い出現」という緊急事態（反抗挑戦的，攻撃的，不従順な行動が高率である形態で）はその時を過ぎても変化がなく，青年の反社会的行動の単一で最も重要な行動的リスク要因であるように思われる（Dishion, Fench, & Patterson, 1995）。青少年の非行，うつ病，暴力行為，それに学校からのドロップアウトのような他の問題も同様であるが，そのような行動は青年の麻薬乱用の発展と拡大を予期することが繰り返し見いだされている（Dishion & Ray, 1991）。さらにそのうえ，行為障害は時間がたてば変化させるのがますます難しくなるので，学齢期の早期に介入を始めれば，青年期での薬物乱用，非行，それに精神的な病気などを予防する戦略的方法となることは明らかである。不幸なことに，最近の推定では，ODDとCDのためのメンタルヘルスサービスを必要とする子どもたちの10％以下の者しか，実際にサービスを受けていないことが示唆されている（Hobbs, 1982）。これらの子どもたちの半数以下の者が，「経験的に妥当な」または「エビデンスベース」の介入を受けている（Chambless & Hollon, 1998）。

3 学校ベースの親，教師，子どものトレーニングシリーズ

【リスク要因】

　子どものCDの発展や後年になって起こる暴力や麻薬乱用の発展に寄与する複合的なリスク要因（コミュニティ，学校，家族，それに子ども）がある。それにもかかわらず，研究から単一な要因と子どもの社会的適応との間にはっきりした因果関係を示す連鎖がないことが明らかになっている。これらの要因のほとんどは，絡み合い，相乗作用があり，次第に増加している。複合的なリスク要因は子どもの脆弱性を増す方向で影響を与え，事件がその後も拡大する循環を生じる結果になっている（Coie et al., 1993）。結果的に，予防プログラムは戦略上役立つ時点，とくに変化の可能性を示す地点で，複合的なリスク要因を目標にする必要がある。積極的に親の役割と教えるスキル，学校に親の参加を求めることなどの予防要因を増やすことは，子どもたちの社会的コンピテンスと就学レディネスを強くする他のサポートシステムと介入と同様，行為の問題が発展することを緩和する手助けになるだろう。行為の問題が発展することに関するリスク要因の概略については，Webster-Stratton & Hooven, 1998を参照してほしい。

対象者

　これらのプログラムは，学校，教会，メンタルヘルスの機関，それに健康維持に関わる組織体の中で，普遍的で，選択的で，それに必要な予防的介入として提供されるだろう。目標とされる対象者は，次の人である。

① 普通でありかつ高いリスクのある子どもたち（3〜10歳）にかかわる親と教師
② 行為の問題をもつ子どもたち（3〜10歳）の親
③ 行為の問題のある生徒たちを受け持つプレスクール，デイケア，それに小学校低学年の教師
④ 虐待またはネグレクトのリスクがある親
⑤ ベビーシッターについて学ぶクラスまたは家族の生活コースをとっている10代の若者

プログラムのかぎとなる構成要素

　親，教師，それに子どものトレーニングシリーズのハイライトには，次のものがある。
① 　多くのものを含んでいること（親，教師，それに子どもたちのための統合されたトレーニングを含む）
② 　率先的で協同的なアプローチ
③ 　連続したモジュール（全体で，26の話題）を使う配布システムの柔軟性
④ 　文化的感受性が高いこと（スペイン語や英語の方言も使え，多民族用のビデオテープとパペットがある）
⑤ 　行為の問題と診断された子どもたちの治療だけでなく，健常の子どもたちの予防プログラムに適切であること
⑥ 　ユーザーが親しみやすく使える本，ビデオテープ，読者マニュアル，それに家庭と学校での活動などの組み合わせ
⑦ 　幼児に発達的に適切であること，パペット，ゲーム，それに活動が含まれている
⑧ 　重症のグループのリーダートレーニングも含めて，トレーニングのセラピスト，学校関係者，それに組織体のために拡張サービスによるプログラムのサポートが用意されていること
⑨ 　質の高い実施を保証するために，トレーナーに証明書を用意すること
⑩ 　独自に研究をする人のためのエビデンスベースであり，実施が可能であること

プログラムの説明——親トレーニングのプログラム

　親トレーニングのBASICシリーズは，親用の12週間のプログラムで，250の場面が描写されているビデオのシリーズについてグループディスカッションを行う。プログラムでは親に対して，「タイムアウト」と「無視」，論理的で自然な成り行き，それに問題解決の戦略などを含んだ，相互作用のあるプレイと強化を行うスキル，暴力によらないしつけのテクニックなどが教えられる。家族

の生活場面で，子どもと相互作用をしている親の短い場面描写のビデオテープを使い，子どもを養育することの考え方が例示される。グループリーダーは，グループディスカッションと問題解決を促進するためにこれらの場面を使う。参加者は子どもたちを養育することの原理について話し合い，ロールプレイや家庭での実践活動を通して新しいスキルを実践する。プログラムは，自己管理をするかまたは10から14名の参加者のグループに与えられるが，週1回2時間のセッションで12から14週にわたる。

親トレーニングのADVANCEシリーズは，BASICプログラム後の12週間の補足プログラムで，うつ病，夫婦の仲たがい，貧弱なコーピングスキル，それにサポートの欠如など家族の他のリスク要因に焦点を当てる。話題には，個人的なセルフコントロール，大人と子どもの間の効果的なコミュニケーション戦略と問題解決などがある。プログラムは，週1回2時間のセッションで8から12週間で終了する。

親トレーニングのSCHOOL AGEシリーズは，文化的により異なった対象者に焦点を当て，9～10歳（第4学年）までの子どもたちの予防を目指したプログラムとして使用される。これと結合させ，新しいプログラムである，「あなたの子どもの教育の支援」（SUPPORTING YOUR CHILD'S EDUCATION）は，親たちに子どもたちへ読みと学業のレディネスを強化にする方法，家庭での学習活動を自分で考えて始める方法，それに家庭と学校の強い連携を奨励する方法を教える（図3-1参照）。

親トレーニングプログラムの材料は，次のものである。
① BASICプログラム用の10巻のビデオテープ（スペイン語で利用可能）
② ADVANCEプログラム用の6巻のビデオテープ
③ 「あなたの子どもの教育の支援」トレーニングプログラム用の2巻のビデオテープ
④ BASICプログラムの学齢バージョン用の3巻のビデオテープ
⑤ BASICプログラム用の自己管理マニュアル
⑥ 各プログラムのリーダーのための包括的マニュアル（家庭での活動，それにビデオテープの解釈，話し合いについてのリーダーの質問を含む「ハ

プログラムのかぎとなる構成要素

図3-1 親になるためのピラミッド

ウツー」について500頁以上からなっている)

⑦　親の毎週の「冷蔵庫にはるノート」(思い出すための短いポイント)
⑧　家庭での活動への親の割り当て
⑨　親のための本で,「驚くべき発達を示す年齢段階：年齢が3〜8歳の子どもの親用トラブルを調停するガイド」(オーディオテープでも使える)
⑩　冷蔵庫のマグネットとピラミッドのポスター (図3-1) など

　すべてのプログラムは,学習理論の多様なアプローチを使っている。つまり,ビデオテープによるモデリング,グループの話し合いとサポート,セッション内での実践活動,家庭での活動,読みの宿題(またはオーディオテープ),セルフモニタリング用チェックリストと目標,それにリーダーの教育とサポート

37

などである。これらのプログラムは，相互作用があり，協同的で，それにみずから方向性を持っていることなどが強調されている。

トレーニング方法

親用プログラムは，1グループ12から14名の親と1名のリーダーで（可能であれば2名），グループでの話し合い形式で計画されている。グループ形式で行うため，コミュニティサポートの感覚が育成され，孤立感が少なくなり，それに親の経験とその状況を標準的にする。この費用効果の高いアプローチにより，さまざまな家族状況での問題解決に異なった経験が許容される。それぞれの親は，プログラムに参加するパートナーまたは親密な友だちをもつことを奨励される。

【ビデオテープによるモデリング】

学習のモデリング理論は，ビデオテープの中の親と子どもがプロソーシャルな行動を増加させ不適切な行動を減少する方法で相互作用をしている例を見ることにより，親が子育てのスキルを改善できることを示唆している。このトレーニング方法はわかりやすく，とくに言語表現の少ない親には，教訓的な教示，書かれた配付資料，またはグループまたは個人的な話し合いで唯一頼りになる人を得るなどの他の方法より有効である。これはまた，多くの状況でさまざまなモデルを生き生きと描写することにより，積極的な行動が般化し長期に持続することを促進する。

【協同的なプロセス】

この協同的なトレーニングモデルでは，リーダーは親にアドバイスを与える「専門家」ではない。「一緒に働くこと」を指すのであれば，協同することはリーダーと親の知識，強さ，それに観点などを等しく使う相互的な関係を暗示している。非難や階級のないこのモデルの中では，リーダーは反射，親の話のポイントの要約，リフレーミング，強化，サポートと受容，ユーモアと楽観，メンバー個々の参加の励まし，大切な概念の教示，それにロールプレイの実践などを通して，協同することを促進する。協同的プロセスが使われることにより，

各個人の目標と価値が尊重されるにつれプログラムがさまざまな文化的背景をもつ人々に適合するようになり，その人の過去との「関係」が現在の観点や態度に反映されていることが理解されるようになる。セッションのほぼ60%はグループでの話し合い，問題解決，それにサポートに使われ，25%はビデオテープによるモデリング（ビデオテープの時間は25〜30分）に，残りの15%は教授することに使われる。

【必要とされる資源】

親のグループの参加をよくするには，グループリーダーは有資格者のデイケアプロバイダーが行うデイケア，必要な人々のための交通手段，健康によい食物と14名のサークルに十分な広さの部屋などを役立てる必要がある。両親の参加を可能にするには，夜のミーティングが必要で，その際VCRと黒板かフリップチャートなども必要である。

プログラムの説明——教師トレーニングのプログラム

このプログラムは次の6つの構成要素からなる。
① 教師の注目，励まし，それに賞賛の重要性
② インセンティブを通して子どもたちを動機づけること
③ 問題を予防すること，つまり率先する教師であること，
④ 不適切な行動を減少すること
⑤ 生徒と積極的な関係を形成すること
⑥ 教室でのソーシャルスキルと問題解決のトレーニング，など

教授についての考え方は，教室で子どもたちと相互作用をしている教師の短いビデオテープの描写場面で例示される。教室としては，28名の子どもたちと1名の教師が入る大きい教室と，多様な教師が特別な教育をするより小さな教室が必要である。親用プログラムも同様で，グループリーダーはこれらのビデオテープの場面を使い，話し合い，問題解決，それに教師間での考え方の共有などを促進する。

【トレーニング方法】

教師トレーニングのグループで使われる方法は協同的トレーニングであり，親トレーニングのグループで使われるものと同じである。教師は一連の場面描写について話し合うために，15～25名がグループとして集まる。トレーニングの6つの構成要素をすべて完了するには，まる6日間かかる。このトレーニングは，月に1日または週2時間のセッション（18～20週）が必要だろう。

恐竜ディナのソーシャルスキルと問題解決のカリキュラム
——子どもトレーニングのプログラム

幼児期での介入は，子どもたちが効果的にソーシャルスキルを発達させ，攻撃的行動が永続的なパターンに発展する前に減少させる手助けとなる。親トレーニングは家庭での親と子どもの関係に影響を与えると思われるが，仲間との関係にはあまり影響を与えないだろう。仲間との問題に焦点を当てるため，子どもたちはソーシャルスキルや問題解決のトレーニングを受けなければならないし，トレーニングを受けた教師が学校でそのようなスキルを使うことができるように強化しなければならない（Webster-Stratton & Hammond, 1997）。

恐竜ディナ（Dina Dinosaur）のソーシャルスキルと問題解決カリキュラムは，子どもの学校行動が増加し，社会的コンピテンスと仲間との積極的な相互作用が高まり，適切な葛藤マネジメント戦略が発展し，そして行為の問題が減少するように計画されている。さらに，プログラムは親と教師のトレーニングプログラムに適合するようにつくられている。行為の問題をもつ子どもたちを治療するために，プログラムでは5～6名の子どもたちのグループが2時間のセッションを週1回，18～22週にわたって受けるようになっている。プログラムが教室のような広い場所で予防プログラムとして使われるためには，15～20分間，大きなグループによる仲間たちとのセッションが必要で，週に数回小グループでの実践活動が行われる。一連の教師トレーニングの第6部では，教師が予防プログラムとしてこのカリキュラムをどのように活用するかについて示されている（プレスクール～第2学年まで）。

北大路書房の図書ご案内

教育・臨床心理学中辞典
小林利宣 編
A5判 504頁 3495円 〒340円

教育現場の質的制度的変化や学問的な進歩に対応。約1400項目を，一般的な重要度により小項目と中項目とに分け，小辞典では不十分な内容を充実しながらコンパクトに設計。

発達心理学用語辞典
山本多喜司 監修
B6判上製 430頁 3592円 〒310円

発達心理学の分野に焦点を絞った日本初の用語辞典。社会の変化，高齢化社会の現状にも対応する952項目を収録。「発達検査一覧」ほか付録も充実。活用度の高いハンディな一冊。

改訂新版 社会心理学用語辞典
小川一夫 監修
B6判上製 438頁 3700円 〒310円

定評ある旧版の内容の整備・充実を図り，140項目を増補した改訂新版。人名索引も新たに整備したほか，中項目中心の記述方式を採用。授業・研究など幅広く，永く活用できる。

ちょっと変わった幼児学用語集
森 楙 監修
A5判 206頁 2500円 〒310円

7つのカテゴリー，遊び，こころ，からだ，内容・方法，制度・政策，社会・文化，基礎概念に区分された基本的な用語と，人名項目，コラムを収録した [調べる] [読む] 用語集。

価格はすべて本体で表示しております。
ご購入時に，別途消費税分が加算されます。

〒603-8303
京都市北区
紫野十二坊町12-8

北大路書房

☎ 075-431-0361
FAX 075-431-9393
振替 01050-4-2083

好評の新刊

心理学マニュアル 要因計画法
後藤宗理・大野木裕明・中澤 潤 編著
A5判 176頁 1500円 〒310円

心理学の研究法としては一番オーソドックスな，実験の計画から統計処理までを扱う。単純か難解かに偏っていた従来の類書を克服した，実践的な内容となっている。

心理学マニュアル 面接法
保坂 亨・中澤 潤・大野木裕明 編著
A5判 198頁 1500円 〒310円

カウンセリングに偏りがちだった面接法を「相談的面接」と「調査的面接」の2つに分け概観を紹介するとともに，具体的な手順を解説し，より応用範囲の広いものとしている。

トワイライト・サイコロジー
心のファイルx 恋と不思議を解く
中丸 茂 著
四六判 274頁 1800円 〒310円

恋愛における非合理な心の動かし方や行動，また，超常現象，迷信等の非日常的な現象を信じること…そのような心理を解明をするとともに科学的なものの考え方を身につける。

マンガ『心の授業』
自分ってなんだろう
三森 創 著
A5判 136頁 1300円 〒310円

心はフィーリングでつかむものではなく，一つひとつ知識としてつかむものである。95%マンガで書かれた，誰にでも読める心理学の本。「心の教育」の教材として最適。

記憶研究の最前線
太田信夫・多鹿秀継 編著
A5判 上製326頁 4000円 〒340円

心理学における現在の記憶研究の最前線を，話題性のあるものに絞りわかりやすく紹介するとともにそのテーマの研究の今後の動向を簡潔にまとめ，研究への指針を提示。

ウソ発見
犯人と記憶のかけらを探して
平 伸二・中山 誠・桐生正幸・
足立浩平 編著
A5判 286頁 2200円 〒310円

ウソとは何か？ 犯罪捜査での知見を中心に，そのメカニズムをわかりやすく科学的に解明する。「ポリグラフ鑑定」だけでなく，ウソに関するさまざまな疑問にも答える。

犯罪者プロファイリング
犯罪行動が明かす犯人像の断片
J.L.ジャクソン・D.A.ベカリアン 著
田村雅幸 監訳
A5判 248頁 2200円 〒310円

マスコミ報道などによって広められた隔たったプロファイリングのイメージを払拭し，化学的手法によって行われている実際のプロファイリングの内容の「真実」を伝える。

インターネットの光と影
被害者・加害者にならないための情報倫理入門
情報教育学研究会・
情報倫理教育研究グループ 編
A5判 198頁 1600円 〒310円

インターネットの利便性（光の部分）とプライバシーや知的所有権侵害・電子悪徳商法・有害情報・ネット犯罪等の影の部分を知り，ネット社会のトラブルから身を守るための本。

教育学―教科教育,生徒指導・生活指導,教育相談,等

ケアする心を育む道徳教育
伝統的な倫理学を超えて
林 泰成 編著
A5判 224頁 2400円 〒310円

N.ノディングズの「ケアリング」の概念を解説したうえでその概念を応用した授業実践例を挙げ,関係性の構築による心情面の育成に力点をおいた道徳教育のありかたを呈示。

続 道徳教育はこうすればおもしろい
コールバーグ理論の発展とモラルジレンマ授業
荒木紀幸 編著
A5判 282頁 2400円 〒310円

大好評の前作より10年。この間,おおいに注目され,高い評価を得てきたコールバーグ理論に基づく道徳授業実践の,現段階での成果と今後の可能性についての集大成。

道徳的判断力をどう高めるか
コールバーグ理論における道徳教育の展開
櫻井育夫 著
A5判 286頁 3000円 〒310円

道徳性発達理論とアイゼンバーグの向社会性発達理論を中心に,認知発達理論を実際の道徳授業と関連させながら説明し,理論に基づいた具体的な授業展開の仕方も紹介。

生きる力が育つ生徒指導
松田文子・高橋 超 編著
A5判 248頁 2500円 〒310円

「現代社会における子ども」という視点を明確にしつつ,豊富な具体的資料やコラムを掲載し,読者が多次元的視点を身につけられるように編集。教師の役割を根本から考え直す。

図説 生徒指導と教育臨床
子どもの適応と健康のために
秋山俊夫 監修
高山 巖・松尾祐作 編
A5判 258頁 2427円 〒310円

現場で生徒指導・教育相談に携わってきた著者陣により執筆された教育職員免許法必修科目の「生徒指導」,「教育相談」,および「進路指導」のためテキスト。

生き方の教育としての学校進路指導
生徒指導をふまえた実践と理論
内藤勇次 編著
A5判 244頁 2233円 〒310円

生徒指導と進路指導は「いかに生きるかの指導」という面で一体化している。「入試のための進学指導」「就職斡旋のための職業指導」からの脱出を図ることをめざして書かれた。

あらためて登校拒否への教育的支援を考える
佐藤修策・黒田健次 著
A5判 246頁 1748円 〒310円

本書では登校拒否を,子どもが大きくなっていく過程で起きる一種の挫折体験であるとし,これに子どもが立ち向かい,それを克服していくような「教育的支援」を強調。

学校教師のカウンセリング基本訓練
先生と生徒のコミュニケーション入門
上地安昭 著
A5判 198頁 1942円 〒310円

教師自身にカウンセラーとしての資質・能力が要求される昨今。本書ではカウンセリングの理論学習に加え,その実践的技法の訓練を目的とし,演習問題と実習問題を収録。

心理学―社会心理，認知心理

姿勢としぐさの心理学
P.ブゥル 著
市河淳章・高橋 超 編訳
A5判 228頁 3000円 〒310円

姿勢とジェスチャーは非言語的コミュニケーション研究分野では比較的無視されてきた。本書はこの現状の何らかの形での打開を意図し，有益な示唆やパースペクティブを与える。

[教科書] 社会心理学
小林 裕・飛田 操 編著
A5判 330頁 2500円 〒310円

この領域の最新の知見と展開を盛り込んだ社会心理学の本格「教科書」。全章の構成を，個人→対人関係→集団・組織→社会へと配列，予備知識なしでも理解できるよう配慮。

対人社会動機検出法
「IF-THEN法」の原理と応用
寺岡 隆 著
A5判 248頁 4200円 〒340円

対人社会動機検出の具体的方法として著者が開発し改良を重ねてきた「IF-THEN法」の総合解説書。対人反応傾向を量的に測定し新たな対人行動の研究領域の開拓をめざす。

偏見の社会心理学
R.ブラウン 著
橋口捷久・黒川正流 編訳
A5判上製 342頁 4500円 〒340円

オールポートの偏見研究から40年―今なお続く偏見について，個人の知覚や情動，行為などの水準にも焦点を当て，研究のあらたな視点を提示し，多様な偏見の形態を分析。

人間の情報処理における聴覚言語イメージの果たす役割
その心理的リアリティを発達と障害の観点からとらえる
井上 智義 著
A5判上製箱入 114頁 7000円 〒310円

従来ほとんど研究されることのなかった「聴覚言語イメージ」を，実験計画にのせて具体的に実施したものを紹介。聴覚障害者の言語処理や，言語教育も視野に入れる。

認知心理学から理科学習への提言
開かれた学びをめざして
湯澤正通 編著
A5判 2500円 〒310円

理科学習は認知的にも，物理的・空間的にも社会的にも従来の枠を越えるべきとの問題意識から，心理学・教育学・社会・教育現場の多様な分野より，より具体的な提言を試みる。

音楽と感情
音楽の感情価と聴取者の感情的反応に関する認知心理学的研究
谷口高士 著
A5判上製 176頁 4200円 〒310円

音楽のもつ感情性は私たちの行動にまで影響をもたらすが，それはどこまで一般化でき，普遍性をもつのか。これらの問題に認知心理学的立場でアプローチを試みる。

授業が変わる
認知心理学と教育実践が手を結ぶとき
J.T.ブルーアー 著
松田文子・森 敏昭 監訳
A5判 304頁 3200円 〒310円

今，社会から強く要求されている学力を身につけさせるために，認知心理学の成果を生かした新しい教育的手法を設計することを提案。認知心理学の専門用語の解説付。

心理学―教育心理, 臨床・医療心理

要説
発達・学習・教育臨床の心理学
内田照彦・増田公男　編著
A5判　264頁　2500円　〒310円

従来の「発達・学習」領域に加え、教育臨床場面での「使える知識（いじめ，不登校，校内暴力等）」を多く組み入れて編集されたニュータイプ・テキスト。重要用語の解説つき。

学校教育相談心理学
中山 巌　編著
A5判　320頁　2600円　〒310円

学校での教育相談はいかにあるべきか，子どもの問題行動をどのように理解して対応したらよいのかなど，教育相談の本来の意義と方法について考えることを目的として編集。

学校教育の心理学
北尾倫彦・林 多美・島田恭仁・
岡本真彦・岩下美穂・築地典絵　著
A5判　222頁　2000円　〒310円

学校教育の実際場面に役立つ実践的内容にしぼった内容。最新の研究知見を中心に，いじめ，不登校，ＬＤ等学校現場が現在直面している諸問題への対応を重視した構成・記述。

オープニングアップ
秘密の告白と心身の健康
J.W.ペネベーカー　著
余語真夫　監訳
四六判　334頁　2400円　〒310円

感情やトラウマティックな経験を抑制することの心身健康への有害性と，言語的開示をすることの心身健康への有益性や治療効果を実験心理学的裏づけのなかで明らかにする。

社会性と感情の教育
教育者のためのガイドライン39
M.J.イライアス他　著
小泉令三　編訳
A5判　260頁　2800円　〒310円

社会性や感情（情動）を体系的に教育すること「一人ひとりの子どもにスキルとして定着させること」の必要性を説き，教育現場で実施するための39のガイドラインを示す。

シングル・ペアレント・ファミリー
親はそこで何をどのように語ればよいのか
R.A.ガードナー　著
鑪幹八郎・青野篤子・児玉厚子　共訳
四六判　260頁　1900円　〒310円

離婚・未婚出産件数が増加傾向にある現代，ひとり親家庭の子どもたちや親に生じるさまざまな問題に対し，精神科医である著者が具体例をあげつつ心の問題をサポート。

7つの能力で生きる力を育む
子どもの多様性の発見
A.B.スクローム　著
松原達哉　監訳　岩瀬章良　編訳
A5判　152頁　2200円　〒310円

学力だけではなく，創造性・巧緻性・共感性・判断力・モチベーション・パーソナリティの面から子どもの能力を見いだすことの重要性を説き，さらに職業適性を論じる。

動作とイメージによる
ストレスマネジメント教育　基礎編・展開編
山中 寛・冨永良喜　編
基礎編　B5判　228頁　2700円　〒340円
展開編　B5判　168頁　2300円　〒310円

身体面，心理面，行動面にさまざまな影響が出てくる子どものストレス問題を，予防の観点から解説し，具体的な行動プログラムとその実践例，およびその効果を明らかにする。

教育学―家庭教育・社会教育，その他

家庭のなかのカウンセリング・マインド
親と子の「共育学」
小田 豊 著
B6判 182頁 1553円 〒240円

今の「豊かさ」の意味を問いながら，「子どものいのちの輝き」を考える。子どものあるがままを受け入れ，子どもの心の流れにそうことから家庭教育の再考を提起する子育ての本。

「やる気」ではじまる子育て論
子どもはやりたいことをやる
山崎勝之・柏原栄子・皆川直凡・
佐々木裕子・子どものこころ研究会 著
四六判 192頁 1602円 〒310円

「間違った方向にいじられている子どもたちを守りたい！」そう願う著者らによって編集された新しい子育て論。内からのやる気をそこなわない子育てを追求する。

いま，子ども社会に何がおこっているか
日本子ども社会学会 編
A5判 246頁 2000円 〒310円

子どもをめぐる社会・文化という「外にあらわれた姿」を手がかりに，多角的な視点から子どもの実態と本質を鋭くあぶり出す，第一級の研究者による力作。

学校で教わっていない人のためのインターネット講座
ネットワークリテラシーを身につける
有賀妙子・吉田智子 著
A5判 230頁 1800円 〒310円

生活の道具になりつつあり，学校でも教えるようになってきた「インターネット」。その活用の技を磨き，ネットワークを介した問題解決力を身につけるためのガイドブック。

視聴覚メディアと教育方法
認知心理学とコンピュータ科学の応用実践のために
井上智義 編著
A5判 240頁 2400円 〒310円

情報機器や新しい視聴覚メディアの教育現場での望ましい活用方法を示すとともに，そのような視聴覚メディアを利用した豊かな教育環境を整えるための適切な方向性を提示する。

京都発 平成の若草ものがたり
清水秩加 著
A5判 208頁 1500円 〒310円

現在，競争，管理教育，いじめ等を体験した最初の世代が親になっている。育児を通して自らも成長するという視点で描かれた4人の子をもつ母親の子育てマンガ＋エッセイ。

質的研究法による授業研究
教育学／教育工学／心理学からのアプローチ
平山満義 編著
A5判 318頁 3200円 〒310円

新しい時代の授業のあり方を求めて，3つの分野（教育学，教育工学，心理学）からアプローチする，質的研究法の最新の成果を生かした授業研究の書。

教科書でつづる近代日本教育制度史
平田宗史 著
A5判 280頁 2427円 〒310円

教科書に関する基礎的な問題を歴史的に記述し「教科書とは自分にとって何であり，また，あったか」を考える啓蒙書。義務教育を終えた人ならだれでも理解できるよう配慮して執筆。

幼児教育，福祉学，その他

子どもはせんせい
新しい預かり保育実践から見えたもの
冨田ひさえ 著
四六判 176頁 1800円 〒310円

社会的要請は強いものの、単なる「預かり」保育に終始していた延長保育に従来からの枠を超えたカリキュラムを導入した実践記録をドキュメントタッチで紹介。

レッジョ・エミリア保育実践入門
保育者はいま，何を求められているか
J.ヘンドリック 編
石垣恵美子・玉置哲淳 監訳
B5判 146頁 2300円 〒310円

イタリアで実践され、世界的に注目を集めている保育実践の、アメリカでの入門書。ヴィゴツキー理論の新たな展開と、日本での実践可能性を示す。

一人ひとりを愛する保育
計画・実践，そして記録
飯田和也 著
A5判上製 146頁 1800円 〒310円

保育の方法から保育の計画、また障害児の保育を含めて具体的な事例を中心にまとめ、さらに毎日の保育が終わった時に「何を記録すべきか」という評価、反省についても記述。

形成期の痴呆老人ケア
福祉社会学と精神医療・看護・介護現場との対話
石倉康次 編著
A5判 262頁 2500円 〒310円

20年にわたる介護現場や介護者家族の実践的な模索の過程をたどり、痴呆老人ケアの論理を考える。痴呆になっても普通に生きられることが実感できる環境づくりのために。

チビクロさんぽ
ヘレン・バナマン 原作
森まりも 翻訳（改作）
A5変形判 58頁 1200円 〒310円

絶版になった原作のもつ長所をそのまま引き継ぎ、原作のもつ問題点を修正し、犬を主人公とした物語として改作。チビクロのさんぽ（散歩）のおもしろさ・楽しさを子ども達に。

チビクロひるね
森まりも 著
A5変形判 59頁 1300円 〒310円

『チビクロさんぽ』の続編〜オリジナルの創作絵本。ユニークなキャラクターがいろいろなものに変身。「だじゃれ」を超越した言葉遊びのイマジネーションの世界。

目撃証言の研究
法と心理学の架け橋をもとめて
渡部保夫 監
一瀬敬一郎・厳島行雄・仲 真紀子・浜田寿美男 編
A5判上製 590頁 6500円 〒380円

「目撃証言」「目撃証人」の取り扱いについて、心理学・法律学双方の専門家からその研究成果を明らかにし、現在の裁判所の「事実認定」、「操作の方法の改革」について提言。

科学を考える
人工知能からカルチュラル・スタディーズまで14の視点
岡田 猛・田村 均・戸田山和久・三輪和久 編著
A5判 402頁 3800円 〒340円

科学的発見や科学研究の実像をとらえるために現在とられている多様なアプローチの全体像を具体的な研究例をあげることによって紹介。第一線科学者へのインタビューも収録。

心理学―基礎心理, 発達心理

ヴァーチャルインファント
言語獲得の謎を解く
須賀哲夫・久野雅樹 編著
A5判 176頁 2400円 〒310円

いまだその具体的回答が得られない人間の「言語獲得」の問題について,コンピュータ上にプログラムという形でその獲得過程の再現を試み,その謎を解く画期的な書。

新 生理心理学 1巻
生理心理学の基礎
宮田 洋 監修
柿木昇治・山崎勝男・藤澤 清 編集
B5判 344頁 3500円 〒340円

生理心理学最新の定番書全3巻の1。本巻では,生理心理学のあり方・基礎理論を体系的に紹介する。1部―生理心理学とは 2部―脳と行動 3部―中枢神経系の活動 …等

新 生理心理学 2巻
生理心理学の応用分野
宮田 洋 監修
柿木昇治・山崎勝男・藤澤 清 編集
B5判 334頁 3500円 〒340円

「現在の生理心理学」として定評を得ている応用分野のなかから認知心理学,睡眠心理学,臨床心理学,障害児心理学・教育,犯罪心理学,鑑識心理学への応用研究を紹介・解説。

新 生理心理学 3巻
新しい生理心理学の展望
宮田 洋 監修
柿木昇治・山崎勝男・藤澤 清 編集
B5判 324頁 3500円 〒340円

「新しい生理心理学の展望」として,今後周辺各領域で発展・展開が期待できる斬新な分野・テーマの研究成果を集成。今後一層有用性が期待できる生理心理学研究の可能性を満載。

心理学のための実験マニュアル
入門から基礎・発展へ
利島 保・生和秀敏 編著
A5判 286頁 3689円 〒310円

心理学を本格的に理解し,心理学の基礎的な研究法を体験し,「科学的報告」としてまとめ,心理学研究に必要な技術を修得するために。入門者必携の本格マニュアル書。

女性の生涯発達とアイデンティティ
個としての発達・かかわりの中での成熟
岡本祐子 編著
A5判上製 278頁 3500円 〒340円

「かかわりの中での成熟」という女性の発達をめぐる問題意識の高まりの中,新しいアイデンティティ発達の視点を提供し女性のライフスタイルのあり方を捉え直す問題提起の書。

みるよむ生涯発達心理学
バリアフリー時代の課題と援助
塚野州一 編著
A5判 262頁 2500円 〒310円

生涯発達を他者(外の世界)とのかかわりの広がりの中であらわれる人間の質的・量的変化ととらえ,図表を中心に概観した,「みてわかる」「よんでわかる」平易なテキスト。

子どものパーソナリティと社会性の発達
測定尺度つき
堀野 緑・濱口佳和・宮下一博 編著
A5判 262頁 2600円 〒310円

子どもの発達の中身を「自我発達」「達成動機」「道徳性」等の各領域的に区分してとらえ,その特性を明らかにするとともに,測定尺度をつけて実践的に取り組めるよう編集。

心理学―その他

クリティカルシンキング 入門編
あなたの思考をガイドする40の原則
E.B.ゼックミスタ・J.E.ジョンソン 著
宮元博章・道田泰司・谷口高士・菊池 聡 訳
四六判上製 250頁 1900円 〒319円

現代をよりよく生きるために必要なものの考え方,すなわち「クリティカルシンキング」を系統的に学習するために。自ら考えようとする態度や習慣を身につけるためのガイド。

クリティカルシンキング 実践篇
あなたの思考をガイドするプラス50の原則
E.B.ゼックミスタ・J.E.ジョンソン 著
宮元博章・道田泰司・谷口高士・菊池 聡 訳
四六判 302頁 1900円 〒310円

クリティカル思考とは,たんに懐疑のみでなく,自分の進むべき方向を決断し問題を解決する生産的な思考である。学習,問題解決,意志決定,議論の際の思考を身につける本。

クリティカル進化論(シンカー)
『OL進化論』で学ぶ思考の技法
道田泰司・宮元博章 著 秋月りす まんが
A5判 222頁 1400円 〒310円

クリティカル思考は,複雑化した現代社会に適応していく上で,必要な思考法である。本書では,ユーモアあふれる4コマ漫画を題材に,わかりやすく楽しく身につける。

自己開示の心理学的研究
榎本博明 著
A5判 270頁 2900円 〒310円

臨床心理学者ジュラードに始まる自己開示の研究についてその現状を概説した本邦初の書。本書は言語的な自己開示に絞りその研究の概要を掲載。巻末に自己開示質問紙等を収録。

心理的時間
その広くて深いなぞ
松田文子・調枝孝治・甲村和三・
神宮英夫・山崎勝之・平 伸二 編著
A5判上製 552頁 5800円 〒310円

不可解な「時間」のほんの一側面である「心理的時間」について,その多様性と複雑性にふれながら,わが国での研究とその周辺領域を紹介する。時間の心理学研究に刻される1冊。

心とは何か
心理学と諸科学との対話
足立自朗・渡辺恒夫・月本 洋・
石川幹人 編著
A5判上製 356頁 5200円 〒340円

人間の心や意識をめぐる研究の様相は70年代以降大きく変換し,心理学についても方法論的基底の再検討が求められつつある。心の諸科学を展望しつつ根本的な問題を検討。

身体活動と行動医学
アクティブ・ライフスタイルをめざして
J.F.サリス・N.オーウェン
竹中晃二 監訳
B5判 166頁 2700円 〒310円

超高齢化社会を間近に控える現在,日常の身体活動量を増加させ定期的な運動を行うことは疾病予防に大きな役割を果たす。行動変容を起こすための身体活動の効果を明確にする。

子どもを持たないこころ
少子化問題と福祉心理学
青木紀久代・神宮英夫 編著
四六判 174頁 1800円 〒310円

少子化傾向は止まる兆しを見せない。面接調査をもとに子どもをもつことの意義,育てることの意味,そしてもたない心の深層を分析し,解決策の1つを福祉心理学の構築に求める。

教育学―原理・方法・歴史, 教育学全般, 学習指導

教育技術の構造
杉尾 宏 編著
B6判 248頁 2300円 〒310円

上手・下手という教育技術の価値的側面を問う前に, 教育の営み全体, すなわち公教育体制下の教育労働過程の中で, 歴史・社会学的に明らかにするということをねらいとした書。

教師の日常世界
心やさしきストラテジー教師に捧ぐ
杉尾 宏 編著
B6判 220頁 1500円 〒310円

現場教師各自が, 学校教育の構造とその矛盾をつかみきるために, 教師の日常世界に巣くう「自明視された教育行為」を見直し, 現在の学校教育の病理現象を徹底解明する。

「協同」による総合学習の設計
グループ・プロジェクト入門
Y.シャラン・S.シャラン 著
石田裕久・杉江修治・伊藤 篤・伊藤康児 訳
A5判 230頁 2300円 〒310円

従来の競争社会への反省・否定の立場から欧米でも教育方法として重要性が認識されている協同学習論。原理から主体的・有効に実践を作りあげるための具体的な情報を提供。

子どもが変わり学級が変わる
感性を磨く「読み聞かせ」
笹倉 剛 著
四六版 224頁 1900円 〒310円

読書の足がかりとしての「読み聞かせ」の重要性と, その継続的な実践が子どもの想像力や自己判断力を培うことを説く, 学校教育現場に焦点をあてた初の書。実践報告も紹介。

認知心理学からみた
授業過程の理解
多鹿秀継 編著
A5判 230頁 2300円 〒310円

「教育の方法と技術」の内容を, 生徒と教師の相互作用という認知心理学的方法でアプローチした書。従来からの行動主義心理学の成果も取り入れ, 総合的にまとめながら紹介。

実践学としての授業方法学
生徒志向を読みとく
H.マイヤー 著
原田伸之・寺尾慎一 訳
A5判 328頁 4200円 〒310円

著者は現代ドイツの教育科学・学校教授学研究の第一人者で, この書はわが国のこれからの教育に求められる「自ら学び自ら考える力の育成」への道筋の構築の大きな指針となる。

授業づくりの基礎・基本
教師の意識改革を求めて
寺尾慎一 著
A5判 198頁 2427円 〒310円

教育改革を推進, 実行するのは各学校・教師であり, そうした改革に応える道は「授業づくり」の腕前を上げる以外にはないとの考えに基づき, その基礎・基本について論述。

子どもが生きている授業
吉川成司・木村健一郎・原田信之 編著
A5判 150頁 1942円 〒310円

子どもの幸福のために行われる授業とは？子どもを全体として理解し, 教師自身の内的世界を深く洞察する過程から, 人間の本質や生きかたを浮き彫りにしようとする意欲作。

心理学―原理・方法・歴史, 心理学全般

試験にでる心理学 一般心理学編
心理系公務員試験対策／記述問題のトレーニング
高橋美保・山口陽弘 著
A5判 230頁 2600円 〒310円

心理系公務員（主に国Ⅰ・家庭裁判所・地方上級等）試験対策用の参考書／問題集。過去に出題された記述問題を多く集め、これに類題を加え一問一答の形式で解答・解説。

アメリカの心理学者 心理学教育を語る
授業実践と教科書執筆のためのTIPS
R.J.スターンバーグ 編著
道田泰司・宮元博章 訳編
A5判 256頁 3200円 〒310円

大学の人気科目である心理学。が、その教育理念を検討し授業の組立や実用的アイデアを示した書は今まで日本にはなかった。すべての教員に有益なヒントを提供するエッセイ集。

本当にわかりやすい すごく大切なことが書いてある ごく初歩の統計の本
吉田寿夫 著
A5判 330頁 2500円 〒310円

実際に研究を行う際の実用書としてよりも、社会科学を学ぶ人や統計を利用する必要性の高い職業に従事する人を対象とした（統計学ではなく）統計法のテキスト。

共分散構造分析［事例編］
構造方程式モデリング
豊田秀樹 編
A5判 224頁 3200円 〒310円

1990年以降頻繁に使用され応用範囲も広い共分散構造分析。本書は特に実質科学的な解釈の興味深さという観点からモデル構成例と注意点、解釈・仮説の表現のコツ・工夫等を収録。

通史 日本の心理学
佐藤達哉・溝口 元 編著
A5判 640頁 4500円 〒380円

日本の心理学の現状がなぜかくあり、今後どのような方向に行くのかを問う時、130年間にわたる日本心理学の道筋を省みることには大きな意義があろう。本邦初の通史編纂書。

心理学論の誕生
「心理学」のフィールドワーク
サトウタツヤ・渡邊芳之・尾見康博 著
A5判 240頁 2800円 〒310円

心理学の研究について縦横無尽に語り尽くした鼎談＋関連論文で構成。日本の心理学研究における概念・方法・制度・歴史の捉え方に相対的な照射を果たしていく研究者必読の書。

思いやりとホスピタリティの心理学
平井誠也 編著
A5判 264頁 2500円 〒310円

一般心理学の事項を横糸に、本書のテーマ（「思いやり」「ホスピタリティ」）に沿った事項を縦糸に編集されたユニークな心理学入門書。医療・看護、福祉系の学生に最適。

自分理解の心理学
田口則良 編著
A5判 220頁 2300円 〒310円

青年期の心理的特性や発達課題といった、自分の生き方にひきよせて考えられる知見について詳述した一般心理学入門テキスト。自分を理解し、強い精神力を養成するために。

教育・保育双書　全22巻

秋山和夫・成田錠一・山本多喜司 監修

❶教育原理
秋山和夫・森川直編　2233円

❷保育原理
田中亨胤編　2300円

❸養護原理
杉本一義編　2427円

❹社会福祉
片山義弘編　2500円

❺児童福祉
杉本一義編　2427円

❻発達心理学
今泉信人・南博文編　2427円

❼教育心理学
祐宗省三編　2427円

❽子どもの臨床心理
松山欣子・秋山俊夫編　2427円

❾小児保健
清水凡生編　2500円

❿精神保健
品川浩三編　2427円

⓫保育内容総論
秋山和夫編　2427円

⑫内容研究 養護
小林一・安藤和彦・枥尾勲編

⑬内容研究 領域健康
生田清衛門・秋山俊夫編　2427円

⑭内容研究 領域人間関係
小玉武俊編　2427円

⑮内容研究 領域環境
秋山和夫・成田錠一編

⑯内容研究 領域言葉
横山正幸編　2427円

⑰内容研究 領域表現
大塚忠剛編　2427円

⓳乳児保育
土山忠子編　2427円

⓴障害児保育
田口則良編　2427円

⑳児童文化
秋山和夫編

㉑保育実習
坂本敬・安藤和彦編　2233円

㉒教育実習
秋山和夫編　2300円

※白ヌキ数字は既刊

【トレーニング方法】

　幼児にソーシャルスキルを教える方法は，子どもたちの学習スタイル，気質，それに認知的，発達的能力にふさわしいものとなるべきである。年長の子どもたちのトレーニングプログラムではしばしば，学齢段階の早期にある子どもたちでは持ち合わせていない言語的，認知的スキルが要求される。このプログラムでは，以下のアプローチが使われている。

① 　ビデオテープによるモデリング
② 　空想プレイ
③ 　等身大に近いパペット（Wally & Molly）の使用で，これらは他者からからかわれたりいじめられたり，置き去りにされた感情，嘘を言ったり盗んだり，恐れたり心配したり，新しい友だちをつくったりといった問題から子どもたちを助ける働きがある
④ 　ロールプレイング
⑤ 　実践活動，ゲーム，それに子ども用の本
⑥ 　Wallyの探偵クラブ用の家庭での活動のマニュアル
⑦ 　親と教師の参加，など

普及の要素

プログラムの特徴

　トレーニングプログラムはビデオテープによるので，その実施についての一貫性，正確さ，それに配布可能性が高まり，実際の状況での再生の容易さやコストの低さにつながっている。すべてのプログラムに，プログラムの実施を促進する詳細なリーダー用マニュアル，配付資料，本，ビデオテープ，グループのプロセスについての情報，それに活動などが含まれている。

グループリーダーのトレーニングと資格

　グループリーダーは看護，心理学，カウンセリング，ソーシャルワーク，教育，それに精神医学などの訓練を経ている。グループリーダーがわれわれの認

定したトレーニングプログラムの1つを受ければ，プログラムの普及が首尾よくなされ，より大きな機会になることが見いだされている。プログラムの質と正確性を高めるために，われわれはまたグループリーダーの証明書を出すことを大いに推薦している。この証明書には，参加者がシアトルまたは実施場所（最小25名の参加者がいれば）で定期的に提供されるトレーニングワークショップに出席することが必要である。プログラムが研究プログラムの一部として評価されるときに，グループリーダーの証明書が必要とされる。

評価の結果

　最初に，BASICプログラムは行為の問題のために照会された3～7歳の800名以上の子どもたちについて，6つの無作為に抽出された一連の研究により治療プログラムになりうるかが評価された。これらの研究から，BASICプログラムにより親としての態度と親と子の相互作用の改善，親がしつけに暴力を使用することの減少，それに子どもの行為の問題の減少などが顕著に改善する結果が示されたことが明らかになった（Webster-Stratton, 1984；Webster-Stratton, 1989；Webster-Stratton, 1990b；Webster-Stratton, Hollinsworth, & Kolpacoff, 1989）。ADVANCEプログラムは，親が効果的な問題解決とコミュニケーションスキルを高めること，母親のうつ病の減少，それに子どもたちのソーシャルスキルや問題解決スキルの増加などに非常に有効な治療であることが示された。利用者は両方のプログラムに大いに満足し，家族の社会経済的状態にもかかわらず，ドロップアウトの比率は低かった。効果は介入後4年間維持されていた（Webster-Stratton, 1990b）。

　次に，BASICプログラムはヘッドスタートの500家族以上についての2つの無作為に抽出された試験で，普遍的な予防プログラムであるかどうかが評価された。結果から，トレーニングを受けた幼稚園児の親の養育スキルとその子どもたちの社会的コンピテンスは，コントロール群と比較して顕著に改善したことが示された。これらのデータは，養育のコンピテンスを強化することと高いリスクがある生活保護を受けている母親を子どもたちの学校の活動に巻き込むことを増加させることが，子どもの行為の問題を予防し社会的コンピテンスを

強めるであろうという仮説を支持している（Webster-Stratton, 1998）。これらの発見は，デイケアのプロバイダーや幼い幼児をもつ低収入のアフリカ系アメリカ人の母親を対象としたシカゴでの研究でも確認されている（Gross, Fogg, & Tucker, 1995）。

BASICプログラムの研究のハイライト

【必要な予防①】

この研究は，BASICプログラムの最も効果的な構成要素を確かめるために行われた。3～8歳の行為の問題をもつ114名の子どもたちの親が，次の4グループに無作為に割り当てられた。

① 個人的または自己管理的にビデオテープによるモデリングのセラピー（IVM）
② ビデオテープをベースとしたグループセラピー（BASIC）
③ グループセラピーのみ（GD）
④ ウエイティングリストのコントロールグループ

コントロールグループと比較して，3つのすべての治療グループの母親は，子どもの行動問題が顕著に少なくなったこと，積極的な社会的行動がいっそう増えたこと，それに治療後に平手で尻をたたく行動が減ったことなどを報告した。IVMとBASICグループの父親と，BASICとGDグループに親が参加した子どもたちの教師もまた，コントロールグループの子どもたちと比べて行動的な問題が顕著に減少したことを報告した。家庭訪問で集められたデータから，すべての治療グループについて母親，父親，それに子どもたちは顕著に行動が変化することが示された。BASICプログラムによる治療に，一貫して長所のあることが見いだされた。しかしながら，費用効果の高さはIVMによる治療が最も優れていた（Webster-Stratton, 1990b；Webster-Stratton, Kolpacoff, & Hollinsworth, 1988）。

1年後のフォローアップで，家族の93.1％が評価された。治療後すぐに報告された顕著な行動変化はフォローアップ時にはすべて持続していた。さらに，親の報告したデータは，両親が子どもの行動問題がいっそう減少してい

ることに気づいたことを示した。このBASICプログラムによる治療が最も優れていたことが示された。各プログラムについて、サンプルの70％において正常範囲内で臨床的に顕著な改善がみられた（Webster-Stratton et al., 1989）。

【必要な予防②】

費用効果の高さを維持しつつ、自己管理型のビデオテープによるセラピーの有効性を高める方法を決めるために、もう1つの研究が行われた。43名の行為の問題をもつ子どもたちの親が、次の3つのグループに割り当てられた。

① IVM
② IVMプラスセラピストによるコンサルテーション（IVMC）
③ ウエイティングリストのコントロールグループ

コントロールグループと比較して、母親が治療を受けている両グループとも、子どもの行為の問題の減少、ストレス水準の減少、それに介入後に平手で尻をたたく行動の減少などが顕著にみられたことを報告した。家庭訪問で得たデータから、両方の治療グループは行動の変化が顕著であることが示された。IVMプラスセラピストによるコンサルテーショングループのIVMCによる子どもたちは、個人的な管理型のビデオテープによるプログラムの子どもたちより逸脱が顕著に少なく、これは合同させた治療が優れていることを示唆している（Webster-Stratton, 1990a）。

【選択的な予防①】

この研究では、362名の幼稚園児の母親とその4歳の子どもたちについて、BASICプログラムが普遍的で学校ベースの予防プログラムとして有効であるかが調査された。8つの幼稚園が、次の2つのグループに無作為に割り当てられた。

① 実験グループで、親、教師、それに家族サービス担当のワーカーが、介入プログラムと通常の幼稚園ベースのプログラムに参加するもの
② コントロールグループで、親、教師、それに家族サービス担当のワーカーが通常の幼稚園ベースのプログラムに参加するもの

介入後のアセスメントでの観察から得られた結果より，介入グループの母親はコントロールグループと比べて，養育に厳しいしつけをすることが少なく，より多く世話をやき，強化を行い，親の役割に能力があることが示された。さらに，介入グループの母親の子どもたちは，コントロールグループの母親の子どもたちよりも，行為の問題が顕著に少なく，肯定的な感情とプロソーシャルな行動が顕著にみられることがわかった。1年後には，改善点のほとんどのものが維持され，コントロールグループの母親と比べて，新しい教師との付き合いが増加した（Webster-Stratton, 1998）。

【選択的な予防②】
　最近，272名の幼稚園児の母親と61名の教師について，教師トレーニングプログラムに組み合わせたBASICプログラムの有効性について調査が行われた。結果は，母親と子どもの行動の行動論的な改善に関して，より早期に行われた幼稚園児についての研究結果を再現したものとなった。教室での観察の結果では，介入グループの教師はコントロールグループの教師と比べると，訓練が批判的でなく，より肯定的であることが顕著にみられた。介入条件の教師は，教室で親を巻き込むことにいちじるしく努力をしたことを報告した。介入条件の教室の生徒は，コントロールの教室の生徒と比べると，否定的行動と教師への不服従が顕著に少なく，仲間への身体的攻撃が顕著に少ないことが観察された。介入グループの子どもたちはコントロールグループの子どもたちより，教室で課題に一層取り組み，より高い学校レディネススコア（たとえば，親しみやすく，自己依存的で，課題に取り組み，破壊性が低い）を示した。全体的な教室の雰囲気では，介入条件の教室はコントロールの教室よりも顕著に肯定的であった。介入条件の生徒はコントロールの生徒よりも社会的コンピテンスがより高いことが観察された。

ADVANCEプログラムの研究

【必要な予防】
　この研究では，BASICプログラムによる介入にADVANCEプログラムによ

る介入を追加することの効果が調査されている。ODDやCDをもつ子どもたちの78家族の親たちがBASICプログラムの親トレーニングを受け，それから12週間のADVANCEプログラムのトレーニングかまたは何の接触もしないグループのどちらかにランダムに割り当てられた。両方の治療グループとも，子どもの適応と親と子どもの相互作用が顕著に改善し，親のストレスと子どもの行動の問題も減少した。これらの変化は，フォローアップまで維持された。ADVANCEプログラムに参加した親の子どもたちは，彼らとそっくりな子どもたちと比べて，問題解決に攻撃的な解決法を用いるのではなく，よりプロソーシャルな解決法を増加させることを示した。親の夫婦間の相互作用の観察では，ADVANCEプログラムのよるトレーニングを受けた親は，受けなかった親と比べて親のコミュニケーション，問題解決，それに協同などに顕著な改善を示した。1家族のみがADVANCEプログラムをドロップアウトしたが，その他の家族によりその有用性が証明された。

子どもトレーニング
——恐竜ディナのカリキュラムについての研究

【必要な予防】

子どもたちのための恐竜ディナのカリキュラムが，4～7歳の行為障害の子どもたちでランダムに行われた試験で評価された。早期に行為の問題を示した97名の子どもたちの家族が，ランダムに次の4つのグループの1つに割り当てられた。

① 子どものトレーニングのみ
② 親トレーニングのみ（BASICとADVANCE）
③ 親と子どものトレーニングによる介入の組み合わせ
④ ウエイティングリストのコントロール

親と子どものトレーニングを行う介入の組み合わせによるグループは，親トレーニングのみのグループよりもいっそう効果的で，両方ともコントロールグループよりすぐれていることが示された。子どものトレーニングプログラムでは，仲間との相互作用の観察で顕著な改善が見られた。恐竜ディナのカリキュ

ラムを受けた子どもたちは，親トレーニングのみを受けた親の子どもたちまたはコントロールグループよりも，ソーシャルスキルと葛藤マネジメント戦略に顕著に積極的な結果が示された。1年後，親と子どもの介入の組み合わせに，効果がもっとも維持されていることが示された（Webster-Stratton & Hammond, 1997）。

親への学業スキルのトレーニングと教師へのトレーニングについての継続中の研究

現在進んでいるのは無作為に抽出された研究で，家族が子ども，親，それに教師トレーニングのさまざまな組み合わせのある6つのグループの1つに割り当てられている。予備的な結果としては，親への学業的スキルのトレーニングと教師のトレーニングとを組み合わせることが，学業とソーシャルスキルの両方を高め，よりいっそう積極的な仲間との関係を増進することになり，その結果，学校や家庭での行動問題の減少が確実になることが示唆されている。

文　献

Chambless, D. L., & Hollon, S. D. (1998). Defining empirically supported therapies. *Journal of Consulting and Clinical Psychology, 66,* 7-18.

Coie, J. D., Watt, N. F., West, S. G., Hawkins, D., Asarnow, J. R., Markman, H. J., Ramey, S. L., Shure, M. B., & Long, B. (1993). The science of prevention: A conceptual framework and some directions for a national research program. *American Psychologist, 48,* 1013-1022.

Dishion, T. J., French, D. C., & Patterson, G. R. (1995). The development and ecology of antisocial behavior. In D. Cicchetti & D. J. Cohen (Eds.), *Developmental psychopathology, Vol 2: Risk disorder and adaptation* (pp. 421-471). New York: Wiley.

Dishion, T. J., & Ray, J. (1991). *The development and ecology of substance abuse in adolescent boys* (Unpublished): Oregon Social Learning Center.

Gross, D., Fogg, L., & Tucker, S. (1995). The efficacy of parent training for promoting positive parent-toddler relationships. *Research in Nursing and Health, 18,* 489-499.

Hobbs, N. (1982). *The troubled and troubling child.* San Francisco: Jossey-Bass.

Kazdin, A. (1985). *Treatment of antisocial behavior in children and adolescents.* Homewood, IL: Dorsey Press.

Spaccarelli, S., Cotler, S., & Penman, D. (1992). Problem-solving skills training as a supplement to behavioral parent training. *Cognitive Therapy and Research, 16,* 1-18.

Taylor, T. K., Schmidt, F., Pepler, D., & Hodgins, H. (1998). A comparison of eclectic treatment with Webster-Stratton's Parents and Children Series in a Children's Mental Health Center: A randomized controlled trial. *Behavior Therapy, 29,* 221-240.

Webster-Stratton, C. (1984). Randomized trial of two parent-training programs for families with conduct-disordered children. *Journal of Consulting and Clinical Psychology, 52,* 666-678.

Webster-Stratton, C. (1989). Systematic comparison of consumer satisfaction of three cost-effective parent training programs for conduct problem children. *Behavior Therapy, 20,* 103-115.

Webster-Stratton, C. (1990a). Enhancing the effectiveness of self-administered videotape parent training for families with conduct-problem children. *Journal of Abnormal Child Psychology, 18,* 479-492.

Webster-Stratton, C. (1990b). Long-term follow-up of families with young conduct problem children: From preschool to grade school. *Journal of Clinical Child Psychology, 19,* 144-149.

Webster-Stratton, C. (1998). Preventing conduct problems in Head Start children: Strengthening parent competencies. *Journal of Consulting and Clinical Psychology, 66,* 715-730.

Webster-Stratton, C., & Hammond, M. (1997). Treating children with early-onset conduct problems: A comparison of child and parent training interventions. *Journal of Consulting and Clinical Psychology, 65,* 93-109.

Webster-Stratton, C., & Hammond, M. (1998). Conduct problems and level of social competence in Head Start children: Prevalence, pervasiveness and associated risk factors. *Clinical Child Psychology and Family Psychology Review, 1,* 101-124.

Webster-Stratton, C., & Hancock, L. (1998). Parent training: Content, Methods and Processes. In E. Schaefer (Ed.), *Handbook of Parent Training, Second Edition* (pp. 98-152). New York: Wiley and Sons.

Webster-Stratton, C., Hollinsworth, T., & Kolpacoff, M. (1989). The long-term effectiveness and clinical significance of three cost-effective training programs for families with conduct-problem children. *Journal of Consulting and Clinical Psychology, 57,* 550-553.

Webster-Stratton, C., & Hooven, C. (1998). Parent training for child conduct problems. In T. Ollendick (Ed.), *Comprehensive clinical psychology* (pp. 186-219). Oxford, England: Elsevier Science.

Webster-Stratton, C., Kolpacoff, M., & Hollinsworth, T. (1988). Self-administered videotape therapy for families with conduct-problem children: Comparison with two cost-effective treatments and a control group. *Journal of Consulting and Clinical Psychology, 56,* 558-566.

❹ 青年期の攻撃性置き換えトレーニング：攻撃的な青年のための多様な介入

Linda A. Reddy
Arnold P. Goldstein

　この章は，攻撃性置き換えトレーニング（Agression Replacement Training；ART）の概略であり，ARTは青年の攻撃性を予防し，減少させるように計画され，経験的に妥当性があり，理論的に確立された多様な方法による介入である。ARTは次の3つの構成要素からなっている。
① スキルストリーミング，これは広範囲のソーシャルスキルを教えるように計画されたもの
② 怒りコントロールトレーニング，これは若者に怒りへの反応性を修正する能力を与える方法
③ 道徳推理教育，他の2つから得られたスキルを使うように動機づけるトレーニング

　トレーニングの実施に関する問題が示されている。トレーニーの動機づけを強めるだけでなく，獲得されたスキルをうまく転移させ維持するための戦略が描かれている。効果を見る研究では，ARTは広範囲の治療状況で攻撃的な青年にとって有効なプログラムであることが示唆されている。

KEYWORDS 攻撃性置き換えトレーニング，行為の問題，怒りコントロール

ARTの任務と目標

　ARTは，多様な方法による心理教育的介入で，慢性的に攻撃的な青年の社

会的行動を促進するために計画されたものである。ARTの基礎をなす仮説では，青年期の攻撃的行動はその環境の中で数多くの外的（例，親，仲間，メディア）および内的（例，貧弱な問題解決とソーシャルスキル，未熟な道徳的推理，衝動性）要因によって抑制されそして（または）助長される多様な次元の問題として捉えられている。

それゆえ，この複雑な問題には，治療に関して多くの水準と方向性をもったアプローチが求められるのは当然のことといえる。ARTは，青年期の攻撃性を減少し予防するために組み合わされた3つの治療の構成要素からなる，規定され個別化されたアプローチである。

ARTの行動面の構成要素であるスキルストリーミング（Skills Streaming）は，モデリング，ロールプレイング，賞賛とパフォーマンスフィードバック，それに家庭，学校，コミュニティでの実際の活動などを通して，プロソーシャルなスキルを改善することを目的としている。ARTの情緒面の構成要素である怒りコントロールトレーニング（Anger Control Training；ACT）は，社会的状況で若者への挑発がある時とない時にセルフコントロールを強める方法を与え，怒りへの反応が起こるのを減らす手助けをするために計画されている。ARTの価値についての構成要素である道徳推理トレーニング（Moral Reasoning Training）は，社会的出来事が衝動的な怒りと攻撃性のコントロールへ挑戦的であったりコントロールを減少させるとき，プロソーシャルに反応する若者の能力を高めることに焦点を当てている。3つのすべての構成要素のトレーニングは，毎週行なわれる。ARTは，訓練を受けた教師，カウンセラー，子どものケアワーカー，治療的なケアを行なう里親それに攻撃的な若者をケアするその他の人たちによって，容易に実施することができる。

ARTの歴史と発展

本書で注目されているように，アメリカの若者に攻撃性が増加し，世間の抗議が強まり，学校とコミュニティの中で，若者の攻撃性の発生率を減少させ予防するために多くの取り組みが始まった。ARTプログラムは，若者の暴力の増加と子どもたちの攻撃性についての研究の3つの重要で関連する領域，スキ

ルストリーミング，ACT，および道徳教育などの出現から一部分発展させられた。

【スキルストリーミング】

　Goldsteinの構造化された学習セラピー，現在スキルストリーミングと呼ばれているが，これはBandura（1973）の社会的学習理論と行動欠陥モデルと，1970年代の心理学的スキルトレーニングの動向に基づいている。スキルストリーミングによるアプローチはプレスクールの児童（McGinnis & Goldstein, 1990），小学校の児童（McGinnis & Goldstein, 1997），および青年期（Goldstein & McGinnis, 1997）のプロソーシャルなスキルを高めるように計画された行動論の手続きの集合である。

　青年のためのスキルストリーミングは系統的な心理教育的介入で，プロソーシャルな行動（Goldstein & McGinnis, 1997）の50のスキルについてのカリキュラムである。このカリキュラムは，同様なプロソーシャルなスキルの欠損を共有している青年の小グループ（すなわち，6～8人）で実施される。学習を発展させるために使用される教授戦略には，以下のものがある。

① モデリング——専門家が青年の弱いか欠けている行動とスキルについて実演すること
② ロールプレイング——適切な人間関係の行動について実践し，リハーサルするための機会
③ パフォーマンスフィードバック——青年は専門家のスキルと行動をどのように上手にモデルしたかについてしばしば褒められフィードバックを受ける
④ 般化トレーニング——青年は，学習したスキルを実際の状況で使用することを強化するために計画された活動を行うように励まされる

これらの教授方法から学習されたスキルは，次の6つの群にまとめられる。

① 始めることのソーシャルスキル（たとえば，会話を始めること，自己紹介すること，褒めること）
② 向上したソーシャルスキル（たとえば，助けを求めること，指示を与えること，謝ること）

③　感情を扱うスキル（たとえば，他者の怒りを扱うこと，悲しさと恐怖をコーピングすること，他者に愛情を表現すること）

④　攻撃性に代わるもの（たとえば，他者を助けること，いじめに反応すること，けんかを避けること）

⑤　ストレスを扱うスキル（たとえば，無視をコーピングすること，ストレスのかかる会話に備えること）

⑥　計画するスキル（たとえば，目標を設定すること，問題解決の優先順位を設けること）など

スキルストリーミングの有効性は12以上の研究（Goldstein & McGinnis, 1997）で立証されている。それらの研究から，一般に，プログラムで訓練された攻撃的な子どもと青年の90パーセント以上が，教えられたスキルを獲得することがわかった。しかしながら，自然な状況でスキルを使うこと（すなわち，スキルの転移）は，より制限されるということもわかった。その結果，Goldsteinと彼の同僚（Goldstein, Glick, & Gibbs, 1998）は，トレーニングの構成要素に追加の2つを組み入れた。それは，ACTおよび道徳教育のトレーニングであり，さまざまな状況で学習されたスキルの獲得と転移を増加させるためのものである。

【怒りコントロールトレーニング（ACT）】

Feindler, Marriott, それに Iwata（1984）のACTは，怒りに対する自己教示トレーニングとストレス免疫アプローチについてのNovaco（1975）とMeichenbaum（1977）のセミナーワークに部分的に基づいている。ACTの主な目的は，青年が自分の怒りをコントロールし，よりよく調整するように教えることである。スキルストリーミングは，攻撃の代わりに何をすべきかを青年に教えるが，ACTは怒りがあおられる状況で，何をすべきでないかを教えるものである。Novacoの自己教示アプローチに基づき，Feindlerは怒りを予防するための一連の行動の連鎖について概説した。青年は10のセッションの間，以下の一連の行動ステップによって，怒らせる原因（「毎日のけんか」）について扱うことが教えられる。

①　引き金——怒りの原因となる外的な出来事と内的な価値判断

② 手がかり——青年の怒りの存在と興奮レベルを示す身体的かつ運動感覚的な経験
③ 減少させるもの——深呼吸，イメージそれに数の逆唱などのように若者の怒りのレベルをさらに減少させる戦略
④ 思い出させるもの——内部の引き金について話し合い，置き換えることによって怒りの興奮をさらに減少させる自己陳述の使用
⑤ 自己評価——若者が以前のステップをどれくらい上手に使っているかを褒めるテクニック

ACTは多様なステップに基づくプロセスで，攻撃的な若者はまた彼らの周りの行動または行動の意図を知覚し，解釈するように訓練される。外部の引き金と環境でのこれらの引き金の内的な解釈に注目することが強調されている。

スキルストリーミングとACTでは，攻撃性が社会的状況であおられるとき，子どもに「すべきこと」と「すべきでないこと」の知識とスキルが与えられる。しかしながら，攻撃性は家，学校，および（または）共同体でしばしば強化され，および（または）奨励されるので，子どもたちは依然として攻撃的に行動することを選ぶだろう。子どもたちの価値と道徳推理を高めるように計画されたトレーニングが，攻撃性の防止に非常に重要である（Goldstein, Glick, & Gibbs, 1998）。

【道徳教育トレーニング】

Kohlberg（1969, 1973）の先駆的な研究によれば，子どもたちがグループで異なったレベルで推理をしている際に，道徳的なジレンマにさらされた子どもは認知的な葛藤を起こす。子どもたちは認知的な葛藤を解決することにより，しばしば道徳性の推理をより高いレベルにする。このことは一貫して見いだされているが，道徳的な行動の変化は曖昧である（たとえば，Arbuthnot & Goldon, 1983；Zimmerman, 1983）。攻撃的な子どもは，攻撃性を押さえ，社交的に振る舞うスキルや行動を持ち合わせていないと考えられている。Goldsteinと彼の同僚（Goldstein, Glick, & Gibbs, 1998）は，スキルストリーミングとACTを組み合わせたKohlbergの道徳推理モデルにより，若者の攻撃性の減少にとって広範囲の有効な蓄えが提供されると信じている。

4 青年期の攻撃性置き換えトレーニング：攻撃的な青年のための多様な介入

多様な方向性のアプローチをもつART

　ARTにはユニークで補いあう3つのトレーニングの構成要素があり，組み合わせることで信頼のある長期の明確な結果がもたらされている。表4-1は，10週間のARTの中核的なカリキュラムの例である。ARTでは，子どもの欠損の特質と深刻さにより異なった期間が与えられる。グループのメンバーは1週間に3回のARTセッションに参加し，各セッションは，それぞれスキルストリーミング，ACT，および（または）道徳推測のトレーニングからなっている。1セッションは45～50分で，道徳推理のトレーニングはより長く続く（すなわち，最大1.5時間）。

トレーニーの選択と準備

　ARTプログラムは，プロソーシャルなスキル，怒りコントロール，それに道徳推理に本質的な欠損を示す若者のために計画されたものである。ほとんどのケースで，青年の教育と幸福に責任があるスタッフによって青年がプログラムに割り当てられる。ARTプログラムはいくつかの強制的な特質があるので，プログラムにトレーニーを入れ動機づけをすることに特別な配慮がなされるのは当然である。6～8名くらいのトレーニーがグループに割り当てられる。トレーニーが非常に反抗的で攻撃的な場合，少ない人数が望ましい（たとえば，2名くらい）。グループのトレーニングが進むにつれて，トレーニーが週ごとにグループに追加されてもよい。

表4-1　10週間のARTカリキュラム

週	スキルストリーミング	道徳推理トレーニング	怒りコントロールトレーニング
1	不満を述べる 　1．不満は何かを決める。 　2．誰に不満を言うか決める。 　3．その人にあなたの不満を言いなさい。	・使い古した車 ・麻薬密売者 ・公共の場所での暴動	導　入 　1．目標を説明し，若者に「それを納得させなさい」。 　2．参加するためのルールやトレーニングの手続きを説明しなさ

	4．その問題についてあなたのしたいことを，その人に言いなさい。 5．あなたが言ったことについて，その人がどう感じるかを尋ねなさい。		い。 3．攻撃行動のABCについて，最初のアセスメントをしなさい：A＝攻撃行動へし向けたのは何か？　B＝あなたは何をしたか？　C＝その結果は何か？ 4．目標，手続き，ABCを復習しなさい。
2	他者の感情の理解 1．他者を見なさい。 2．他者が言っていることを聴きなさい。 3．その人が感じていることを想像しなさい。 4．その人が感じていることをあなたが理解したことを示す方法を考えなさい。 5．ベストな方法を決め，それをしなさい。	・乗客の態度 ・チャールズ・マンソン[1]のケース ・LSD	引き金 1．第1セッションの復習をしなさい。 2．「頑張った記録」を紹介しなさい。 3．何があなたを怒らせたか話し合いなさい（引き金）。 4．引き金のロールプレイをしなさい。 5．「頑張った記録」と引き金を復習しなさい。
3	難しい会話の準備状態をつくること 1．会話中，どのように感じるか考えなさい。 2．他の人がどのように感じるか考えなさい。 3．自分がしたいことを言う他の方法を考えなさい。 4．他の人があなたに言い返すかもしれないことについて考えなさい。 5．会話中に起こるかもしれない他のことについて考えなさい。 6．あなたが考えられるベストなアプローチを選び，それを試しなさい。	・万引き ・ブービートラップ（くだらないいたずら） ・盗　用	手がかりと怒り減少方法1，2，3 1．第2セッションの復習をしなさい。 2．自分が怒っている時を知る方法について話し合いなさい（手がかり）。 3．自分が怒っていることを知ったとき，どうするかを話し合いなさい。 ［怒り減少方法1：深呼吸］ ［怒り減少方法2：背景を数えること］ ［怒り減少方法3：楽しいイメージを描くこと］ 4．きっかけ＋手がかり＋怒り減少方法のロールプレイをしなさい。 5．「頑張った記録」，引き金，手がかり，それに怒り減少方法

4 青年期の攻撃性置き換えトレーニング：攻撃的な青年のための多様な介入

			1，2，3を復習しなさい。
4	誰か他の人の怒りを扱うこと 1．怒っている人の話を聞きなさい。 2．怒っている人が言っていることと感じていることを理解するように試しなさい。 3．その状況について何か言えたりできることがあるかを決めなさい。 4．できるのであれば，他の人の怒りも扱いなさい。	・おもちゃの拳銃 ・ロビンフッド[2]のケース ・麻薬	思い出させるもの 1．第3セッションの復習をしなさい。 2．思い出させるものを紹介しなさい。 3．思い出させるものを使いながら，モデルを示しなさい。 4．きっかけ＋手がかり＋怒り減少方法＋思い出させるもののロールプレイをしなさい。 5．思い出させるものを復習しなさい。
5	ケンカをしないこと 1．なぜケンカをしたいのか，中断して考えなさい。 2．結局，何をしたいのか決めなさい。 3．ケンカのほかに，その状況を操作する他の方法を考えなさい。 4．その状況を操作するベストな方法を決め，それをしなさい。	・田舎の私道 ・ニューヨーク対ジェラルド・ヤング[3] ・命を救うこと	自己評価 1．第4セッションの復習をしなさい。 2．自己評価を導入しなさい。[自己賞賛；自己コーチング] 3．きっかけ＋手がかり＋怒り減少方法＋思い出させるもの＋自己評価のロールプレイをしなさい，自己評価を復習しなさい。
6	他者を助けること 1．他者があなたの助けを必要とし，望んでいるかを決めなさい。 2．あなたにできる手助けの方法を考えなさい。 3．その人があなたの助けを必要とし，望んでいるかを尋ねなさい。 4．他者を助けなさい。	・腎移植 ・原爆のシェルター ・嘘をつく	前向きに考えること（怒り減少方法4） 1．第5セッションの復習をしなさい。 2．前向きに考えることを紹介しなさい。[短期と長期の結果][内的と外的な結果] 3．前向きに考えることを「もしその時前向きに考えることをしていたら」をロールプレイしなさい。 4．きっかけ＋手がかり＋怒り減少方法＋思い出させるもの＋自己評価のロールプレイをしなさい。 5．前向きに考えることを復習しなさい。

7	非難を扱うこと 1．他者があなたを非難することについて考えなさい。 2．その人があなたを非難する理由について考えなさい。 3．その人の非難に対する答えを考えなさい。 4．ベストな方法を選び，それを行いなさい。	・海軍中尉バーグ[4] ・約束を破ること ・医師の責任	怒りの行動の周期 1．第6セッションの復習をしなさい。 2．怒りの行動の周期を導入しなさい。［あなた自身の怒りを起こさせる行動を明確にしなさい］［あなた自身の怒りを起こさせる行動を変えなさい］ 3．きっかけ＋手がかり＋怒り減少方法＋思い出させるもの＋自己評価のロールプレイをしなさい。 4．怒りの行動の周期を復習しなさい。
8	グループのプレッシャーを扱うこと 1．グループがあなたにして欲しいこととその理由について考えなさい。 2．あなたがしたいことを決めなさい。 3．あなたがしたいことをグループにどのように伝えるかを決めなさい。 4．あなたが決めたことをグループに告げなさい。	・騒がしい子ども ・盗難車 ・差　別	全体のつながりのリハーサル 1．第7セッションの復習をしなさい。 2．攻撃の場面でスキルストリーミングを使うことを導入しなさい。 3．きっかけ＋手がかり＋怒り減少方法＋思い出させるもの＋スキルストリーミングスキル＋自己評価のロールプレイをしなさい。
9	感情の表現 1．その人によい感情を持つかどうかを決めなさい。 2．その人があなたの感情について知りたいかどうかを決めなさい。 3．あなたの感情を表現するベストな方法を選びなさい。 4．あなたの感情を表現するベストな時間と場所を選びなさい。 5．親しみのある方法であなたの感情を表現しなさい。	・他者を守ること ・誰かを助けるために嘘を言う ・ロックフェラーの提案[5]	全体のつながりのリハーサル 1．「頑張った記録」を復習しなさい。 2．きっかけ＋手がかり＋怒り減少方法＋思い出させるもの＋スキルストリーミングスキル＋自己評価のロールプレイをしなさい。

10 失敗に反応すること 　1. 何かに失敗をしたかどうかを決めなさい。 　2. 失敗した理由を考えなさい。 　3. 他の時に失敗しないようにできることについて考えなさい。 　4. 再び試したいかどうかを決めなさい。 　5. あなたの新しい考えで、再び試しなさい。	・荒れ果てた場所 ・脅迫 ・飲酒運転	全体の復習 　1.「頑張った記録」を復習しなさい。 　2. 怒りコントロールテクニックを繰り返しなさい。 　3. きっかけ＋手がかり＋怒り減少方法＋思い出させるもの＋スキルストリーミングスキル＋自己評価のロールプレイをしなさい。 　4. 参加することに強化を与え、続けるようにトレーニーを励ましなさい。

訳注1：チャールズ・マンソンは，1969年8月，女優シャロン・テートほか4名をロサンゼルス市ハリウッドで殺害した犯人（シャロン・テート殺人事件）
　　2：12世紀ごろの英国の伝説的英雄（弓術に長じ，その徒党とともに Sherwood Forest に居住した義賊）。
　　3：米大リーグの話。ニューヨークメッツがトレードで放出したジェラルド・ヤングがヒューストン・アストロズで大活躍した。
　　4：海軍中尉バーグは，非番の日に，海に流された少年の人命救助を行った。
　　5：当時ニューヨーク州知事であったネルソン・ロックフェラーが，1962年に大統領に対して都市政策に関する省の設置を提案した。

　グループが形成されれば，トレーナーはトレーニーにプログラムへの準備をさせて動機づけを持たせる。目的，手続き，インセンティブについての情報とグループのルールが最初にそれぞれの子どもに与えられ，次にグループ全体に与えられる。ARTの目的が，各トレーニーに示される。たとえば，トレーナーが言うだろう，「ジョンとけんかをした後に，あなたの特典がなくなるときのことを思い出しなさい。この集まりでは，あなたはトラブルに巻き込まれない方法で考えて行動することができます」。そのような言い方は，若者にプログラムへの準備状態をつくり，動機づけを高める。一般的な手続きとして，グループは週に3回集まり，集まりではトレーニーが攻撃性に代わるスキル，怒りをコントロールする方法，問題解決をより効果的にする方法を学習することに役立つことが説明される。トレーニーが獲得したり失う方法を規定するルールはもとより，参加のためのインセンティブも説明される。他のトレーニングプログラムと同様に，グループの中心的な特質が成功するための重要な役割を演じるため，安全な場所であるか，からかいやいじめがないかどうかなどグル

ープの雰囲気が重要である。ARTのトレーナーは，有能な教師，モデル，および保護者として機能する。トレーナーは行動問題に注意深く，他のメンバーを脅していじめるトレーニーの間違った努力を修正することに敏感でなければならない。グループへの参加，承諾，および動機づけを高めるために，トレーニーはグループのルールを確立することに完全に参加することを奨励されるべきである。出席，参加，秘密性，不一致の調整，およびその状況についての他の話題などにふさわしいルールが示されるべきである。トレーニーの動機づけを高めて，抵抗を調整するための付加的な戦略は，Goldstein, Glick, それに Gibbs (1998) に示されている。

トレーナーの選択と準備

　ARTのトレーナーを努める人の例として，教師，カウンセラー，学校心理士，子どものケアワーカーおよび矯正官などがある。有能なトレーナーには，次の3つの特質がある。
① 個人にもグループでも，青年に気楽な印象を与えること
② 行動変容手続きを使える能力があること
③ さまざまな学習能力とスタイルをもつ青年に効果的な教授スキルをもっていること

　ARTのトレーナーの準備として，見習い訓練がある。トレーナー志願者は最初に，すべての訓練用マニュアルと材料を徹底的に調べる。トレーナーの準備のためのワークショップの1つに参加することによって，参考資料を増やすことができる。そして，トレーナー志願者は青年のトレーニーの役を演じるセッションで，経験豊富なトレーナーがリードするスキルストリーミング，ACT，および道徳推理トレーニングの模擬セッションに参加する。トレーナー志願者は，経験豊富なトレーナーがARTグループをリードするのを観察し，次に，別の経験豊富なARTトレーナーのコリーダーの役目を果たすだろう。最終的に，トレーナー志願者は，経験豊富なトレーナーが観察する中で，グループをリードするように命じられる。

【スキルストリーミング】

すでに言及したように，ARTの構成要素としてのスキルストリーミングは50のスキルからなり，6つのスキルのカテゴリーに分類されている。それぞれのスキルはその行動ステップへ分解され，セッション中トレーナーによってモデリングされ，各参加者によるロールプレイが行われる。行動のステップはスキルが実施される順序をまとめて例示している（たとえば，表4-1で「不満を述べる」）。

ARTのプログラムを効果的に計画するには，スキルの選択は非常に重要である。

スキルはグループのメンバーの長所と短所に基づいて選択されるだろう。スキルレベルを評価するのに，多様な方法と多様な情報の出所によるアプローチを使うことが勧められる。たとえば，直接観察，インタビュー，試験的なグループ，およびスキルストリーミングチェックリストなどのアセスメント方法はとくに役立つ。直接観察は，グループをリードすることを計画するトレーナーが，日常子どものケアをする同じ人たち（たとえば，教師，直接ケアをする職員）であれば理想的である。さらに，スキルストリーミングチェックリストは教師，直接ケアをする職員，親，および学生の意見を利用できれば，スキル選択のための貴重な手段となる。

スキルについての話し合いは治療にとって潜在的に強力な側面であり，グループのメンバーをトレーニングに対して動機づけ，彼らに権限を与える。最初のセッションで，グループのメンバーにスキルストリーミングチェックリストを完成するように依頼することで，このことが達成される。メンバーが完成したスキルチェックリストから集められた情報のいくぶんかは，グループに教えられるスキルの多くを選択し優先順位をつけるために使われる。この消費者のためのアプローチ（すなわち，「消費者が欲しいものを与える」）は，トレーニングのための強力な動機づけを生み出すものであることが証明されている。

ARTのスキルストリーミングを首尾よく実施するためには，多くのプログラムの操作が考えられる必要がある。プログラムの操作には，トレーニーの選択，トレーナーの協同，セッションの頻度，プログラムの長さ，実施する部屋の配置と材料の組立てなどがある。トレーニーは，彼らのスキル欠損と人間関

係，怒りマネジメントスキルなどに基づき，ARTのグループに割り当てられる。グループが1つ以上必要であれば，子どもはスキル欠損の同様のパターンを示す人たちまたは同一のグルーピングの要素（すなわち，同じクラス，居住単位，近所）を共有する他者と同じグループになる。トレーナーの協同は，ARTを実施するためには必要不可欠である。2人のトレーナーが理想的なトレーニングの組立を準備し，1人はグループをリードし，もう1人はグループの中で座り，トレーニング中スキルの発達を育成し，同時に破壊的で攻撃的な行動を管理する。2人のトレーナーがそろわないならば，両親，教師，および他の大人たちが協力すべきである。ARTの与える影響の強さや多様な方法を考慮すれば，トレーニングセッションの頻度は重要である。

10週間のARTプログラムでは，スキルストリーミングトレーニングは，グループのメンバーが日常生活でスキルを実践する時間を与えるために，1週間に一度だけ行われるべきである。ARTプログラムの長さは，10週間の中心的なカリキュラムから，1年のコースで行われるより広い範囲のトレーニングまで広く変化させることができる。プログラムの長さは，教えられ学習されるスキルの数によっても決められるだろう。ARTの目標はスキルを教えることであり，スキルが学習されるだけでなく，子どもが日常生活でうまく使えるようにすることである。したがって，トレーナーは前のスキルが完全に習得されるまで，新しいスキルを提示するべきでない。ARTスキルストリーミングのための部屋の配置と用具は安価で，学校や他の施設で容易に利用可能である。椅子をU字型に並べると，グループのメンバーとトレーナーの相互作用が容易になる。用具には，ARTトレーニング用マニュアルのコピー，黒板またはイーゼルのパッド，各グループのメンバーのためのスキルカードのセット，およびトレーニングルームでスキルの段階を表示する掲示板などがある。ARTトレーニング用マニュアルは，25.95ドルかかり，録画されたトレーニングワークショップのコースは495ドルで購入することができ，これには6巻のビデオテープとワークショップの別冊付録10冊のコピーのセットが含まれている。

スキルカード（3インチ×5インチのカード400枚が1セットで，25ドルかかる）が青年のカリキュラムためのスキルストリーミングの一部として使われる（Goldstein & McGinnis, 1997）。しかしながら，インデックスカードは手

製のものでも充分活用できる。

　すでに述べたように，学習を高めるのに使われるトレーニング手続きにはモデリング，ロールプレイング，パフォーマンスフィードバック，般化トレーニングなどがある。この4つの訓練方法をうまく実施するために，トレーナーは9つのトレーニングステップを通してグループをリードする。つまり，①スキルの定めて，②スキルのモデリングを行い，③トレーニーにスキルの必要性を認めさせ，④ロールプレイをする人を選択し，⑤ロールプレイを設定し，⑥ロールプレイを行い，⑦パフォーマンスフィードバックを与え，⑧スキルの宿題を割り当て，そして，⑨次のロールプレイをする人を選ぶ，などである。これらのトレーニングの段階は，状況を通してスキルの獲得を定義し，強化し，それに般化するために使われる。トレーニングの各段階についての詳述はGoldstein, Glick, それにGibbs（1998）を参照されたい。

【ACT】

　ACTでは，トレーニーに挑発されたときに，すべきでないこと（たとえば，攻撃的になる）とそうならない方法（たとえば，怒りのコントロールのテクニックを適切に使用すること）を教える。ACTは4つの実施手続きからなる。つまりモデリング，ロールプレイング，パフォーマンスフィードバック，宿題があり，これらはカリキュラムの施行を促進している。トレーナーは怒りを減少させるテクニックの適切な使い方のモデルを示し，トレーニーが怒りマネジメントのステップを実践するのを助け（ロールプレイの活動に導く），彼らの実践がどうモデルに合うかについて修正のフィードバックを与え，そして宿題をすることを通してグループの外でトレーニーがスキルを実践することを励まし，モニターする。

　トレーナーは自分が示す怒りコントロールテクニックとテクニックが使われる葛藤状況について述べ，モデリングを始める。理想的には，2人のトレーナーが，テクニックをモデリングして，葛藤状況を演じる。場面がいったん提示されると，トレーナーは，使用されるテクニックをまとめて，グループとそれについて話し合う。モデリングに役立つガイドラインは，次のものである。つまり，①各デモンストレーションに少なくとも2つの例を使い，②トレーニー

に密接に関連する場面を選び，③すべての場面が肯定的な結果をもたらすように周到に準備し，そして，④ロールプレイをするときに，その人物の年齢，言語能力，社会経済的な背景などをトレーニーに類似したものにする，などである。各場面のモデリング後，トレーニーはグループが最近経験したかまたは近い将来に経験することが予想できる状況で，モデリングされた怒りのコントロールテクニックを練習するためのロールプレイに参加することを求められる。ロールプレイングのための一般的なガイドラインは，次のものである。つまり，①ロールプレイを始める前にトレーニーの課題について思い出させ，②グループのメンバーは，メインの演者が述べられた怒りマネジメントのテクニックを正確に使うかどうかについて慎重に注意するようにグループメンバーを励まし，③トレーニーが演じているものが役割からずれていれば，その場面を止めて自分の役割を再開することを励まし，④ロールプレイが怒りのコントロールテクニックからずれていれば，ロールプレイを止め必要な指示をあたえプロセスを再開し，そして⑤すべてのトレーニーが出会った，または将来出会うであろう状況でテクニックを使って練習する機会を持つべきである，などである。

　グループのメンバーは各ロールプレイをした後に，ロールプレイの演者にその実施についてフィードバックを短く与える。フィードバックは以下のように与えられる。つまり，演者はメンバーの反応を共有するように求められ，観察したメンバーはテクニックがどれくらいうまく使われたかに関してコメントするように言われ，トレーナーはテクニックがどれくらいうまく使用されたかについてコメントし，演者は自分のロールプレイと受けたフィードバックについてコメントする。

　強化を与えるためのガイドラインは，①テクニックが正しく使われたロールプレイの後にだけ，賞賛を与え，②演者の助けと協力を褒め，③ロールプレイの内容に見合った賞賛を与え，④ロールプレイが意図されたことから明らかに離れるならば，賞賛を与えず，⑤ロールプレイングのスキルを向上させたトレーニーを賞賛する。

　トレーニングセッションの間や後にトレーニーが能動的に参加することを求める週ごとのホームワーク課題が完了される。ホームワーク課題は問題状況のための貴重な資料としてロールプレイに役目立つ「頑張った記録」（Hassle

Log) に記録される。頑張った記録は，読む人や読まない人にも役立てられる。10週間のACTの流れは表4-1に示され，そして，それぞれのACTトレーニングセッションの詳述はGoldstein, Glick, それに Gibbs（1998）に述べられている。

【道徳推理トレーニング】

道徳推理トレーニングは一連の社会的な意思決定を行うミーティングで促進される。グループによる意思決定のミーティングにより，若者は一連の特定の問題状況の解決を通して獲得する自分の価値や社会的観点を高めるための機会を得る。

各ミーティングの前に，問題状況のコピーが用意されて，トレーニーはミーティングの前にその状況への反応を準備するように求められる。

トレーナーは，応答をおおまかにまとめ，グループのコンセンサスを要約して，ミーティングの準備のためにその情報を使う。

セッションの始めでは，トレーナーはいくつかのグループのルールを発展させることを促進する。次にトレーナーは，以下の4つの段階を通して社会道徳の発展を促進する。

第1段階：問題状況の提示
第2段階：成熟した道徳性を育てること
第3段階：道徳的な発達の遅れを治療すること
第4段階：成熟した道徳性を統合すること

それぞれのトレーニングセッションが終わるとき，トレーナーはこれらの4つの段階に対応する自己採点チェックリストを行う。第1段階では，問題状況を提示し，トレーナーはグループのために問題状況が何であるか，また，それがどう彼らの生活に関連するかに注目させる。質問や話し合いが奨励される。第1段階は通常15分である。グループが問題状況を理解した後，成熟した道徳性を育てる第2段階が始まる。トレーナーは肯定的な決定と成熟した道徳の推理を利用するようにトレーニーを強化することにより，成熟した道徳性の雰囲気をつくりだす。成熟した道徳的な雰囲気がグループにつくられれば，トレーナーはそれから，道徳的な発達の遅れや貧弱な社会的見解を示す個人にグルー

プの焦点を移す（すなわち，第3段階）。トレーナーは，否定的なグループのメンバーに自分の意見を説明するよう求め，彼らの決定についての反応をイーゼルパッドか黒板に書き，そして，大部分のグループのメンバーがそれに反応するように仕向ける。成熟した道徳性が啓発されて，それに対するメンバーの挑戦がなされたあと，成熟した道徳性の統合が達成される（すなわち，第4段階）。第4段階では，トレーナーは肯定的で成熟した意思決定のために，トレーニーの中のコンセンサスを探す。この過程の間，最初は未熟な道徳的な判断があるトレーニーは，それらの意思決定を再考したり調整するための圧力を感じ続ける。トレーニングが自律性と自己指示を奨励し強化し，状況により生じた内容がトレーニーの日々の生活に非常に適切になるので，ARTの道徳推理トレーニングはいつも魅力的である。

遂行の般化と維持

　プログラムの間に学習されたスキルの般化と維持を奨励するのに，いくつかの方法が使われる。役に立つ転移を増強する手続きには，次のものがある。
① 一般的な原理を用意すること——トレーニーは教えられたスキルの基礎をなす原理とトレーニーが遭遇する状況を完全に理解する
② 過剰学習——学んだスキルを時間が過ぎても正確にリハーサルしたり，または実践すること
③ 刺激の多様性——トレーニング経験に変化を与えること
④ 同一の要素——トレーニーが毎日の生活で相互に影響し会う人々と実社会の場（たとえば，学校，運動場）で訓練されること
⑤ 媒介となる般化——自己記録，自己強化，自己罰（すなわち，レスポンスコストテクニック）および自己教示のような一連の自己調整のコンビテンスをトレーニーに教えること

プログラムで獲得したスキルの維持を増加させるのに，行動的テクニックが使われる。とくに役に立つ維持増強の戦略は，以下のものである。
① 強化を減らしていくこと
② 強化を遅らせること

③　プロンプトのフェイデング
④　追加のセッションを用意すること
⑤　自然な環境で強化をなくす準備をすること
⑥　自然な環境で強化のためのプログラムをつくること
⑦　自然な強化子を特定すること

　補足的な範囲のスキルが同時にトレーニーに教えられるなら，スキルの般化はさらに促進される。この目的のために，ARTモデルを拡大したプリペアカリキュラム（Prepare Curriculum）（Goldstein, 1998）により，攻撃的でスキル欠損の若者は対人関係のプロソーシャルなコンピテンスを広範囲に身につけることができる。

結果の評価

　ARTの有効性が12以上の調査によって立証されている（Goldstein, Glick, & Gibbs, 1998）。ARTは，青少年の拘留施設，居住型ケア，コミュニティベースのプログラム，および学校などの治療機関で，容易に実施して評価することができる。結果についての3つの研究によれば，文化的にさまざまな背景を持つ攻撃的な若者について，ARTが有効であることが端的に示されている。

　安全に限界がある拘置センターであるニューヨークのアンスヴィル若者センター（Annsville Youth Center）に拘留されている60名の青年に，ARTの評価についての最初の研究が行われた（Goldstein & Glick, 1987）。ほとんどの青年が武器を使用しない強盗，不法侵入罪および麻薬取締法違反などの犯罪によってセンターに拘留されていた。被験者は次の3つのグループの1つに割り当てられた。
①　10週間のARTプログラム
②　ARTを用いない短い教育を行うコントロールグループ
③　治療しないコントロールグループ

　短い教育を行うコントロールグループは，ARTで得られたスキルはARTによるものではなく，代わりに彼らがすでに身につけていたスキルを表現するための動機づけが強められたことによる可能性をみるためのグループである。

ARTに参加した者は，両方のコントロールグループと比べて10のスキルストリーミングのスキルのうち4つを顕著に取得して転移させたことがわかった。得られたスキルは，不満を述べること，怒りに反応すること，グループのプレッシャーを扱うこと，それにストレスに満ちた会話への心構えをすることなどである。そのうえ，両方のコントロールグループに参加した青年では，ARTに参加した青年よりも，アクティングアウト行動がより激しく頻度が高いことを示した。センターを出所後，若者のコミュニティでの機能について，ARTの効果が転移しているかをさらに測定するために，1年の追跡調査が行われた。釈放された54名の青年のうち17名はARTに参加し，37名は参加しなかった。保護監察官が，各青年についてコミュニティ全体での機能の測定尺度に記入するように頼まれた。ARTに参加した若者は，家庭，家族，仲間，それに法律の領域で，ARTを受けなかった若者よりもより高い怒りコントロール機能を顕著に示すことが評定された。

　Goldstein & Glick（1989）は，ニーヨークのマコーミック若者センターで，51名の非行少年についてアンスヴィルでの調査を追試した。このセンターは若者のための最高のセキュリティのある施設で，レイプ，殺人罪などのような凶悪犯罪者を収容するための施設である。被験者は，3つの前述したグループの1つに割り当てられた。アンスヴィルでの研究と一致していることは，ARTグループは2つのコントロールグループよりも，より多くのスキルストリーミングのスキル（すなわち，10のうちの5つのスキル）を顕著に学習し，転移させることを示した。アンスヴィルでの研究と比べて，ARTを受けた青年は2つのコントロールグループよりも道徳の推理における著しい改善を示した。ARTを受けた若者では，適切に批評を出したり受け入れたりすること，挑発されたときにセルフコントロールを使うこと，それに衝動性の減少のような，プロソーシャルな行動の改善が見られた。しかしながら，行動のアクティングアウトについては，数と激しさにグループ間で差は見られなかった。

　マコーミック若者センターは，アンスヴィルセンターより拘束とコントロールのよりしっかりとしたシステムの下で機能する，スタッフが訓練され，閉鎖的な鍵のかかる施設であるため，アクティングアウトの機会は，この研究のすべての3グループで減少するのは当然である。

拘束された若者についての2つの調査から積極的な結果を仮定し，Goldsteinと彼の同僚（Goldstein, Glick, Irwin, McCartney, & Rubana, 1989）は，若者のコミュニティでの機能に関してARTと親トレーニングの影響を調べる，より大がかりなコミュニティベースの調査を行った。コミュニティベースの研究は，前に青年の拘留施設から釈放された経験のある84名の青年について行われた。参加者は，次の3つの条件の1つに割り当てられた。

① 青年と彼らの親を含むART
② 青年のみのART
③ ARTなしのコントロールグループ

ARTプログラムは3か月間実施され，セッションは1週間に2回，合計25回行われた。各セッションは約90分であった。条件1では，ARTセッションは1週間に1回，親と家族メンバーに行われた。セッションに参加することができなかった親には，ホームベースのトレーニングが実施された。2つのART条件の青年は互いに有意な差はないが，ARTなしのコントロール条件より全体的な対人関係スキルのコンピテンスにおいて顕著な違いを示した。そのうえ，両方のART条件の青年は，コントロールグループより怒りの感情が著しく少ないことを報告した。

多くのその後のARTの有効性の評価（Goldstein, Glick, & Gibbs, 1998）はもちろん，これらの3つの調査に基づき，ARTは青年の攻撃性を減少し防ぐための注目に値する可能性のある多様な方法による介入であるように思われる。さらに，ARTは広範囲の多様な治療状況で容易に使えて，再現することができる柔軟で，コスト面でも効果的なプログラムである。

文献

Arbuthnot, J., & Gordon, D.A. (1983). Moral reasoning development in correctional intervention. *Journal of Correctional Education, 34,* 133-138.

Bandura, A. (1973). *Aggression: A social learning analysis.* Englewood Cliffs, NJ: Prentice-Hall.

Feindler, E.L., Marriott, S.A., & Iwata, M. (1984). Group anger control training for junior high delinquents. *Cognitive Therapy and Research, 8,* 299-311.

Goldstein, A. P. (1973). *Structured learning therapy: Toward a psychotherapy for the poor.* New York: Academic.

Goldstein, A.P. (1988). *The prepare curriculum: Teaching prosocial competencies.* Champaign, IL: Research Press.

Goldstein, A.P., & Glick, B. (1987). *Aggression replacement training: A comprehensive intervention for aggressive youth.* Champaign, IL: Research Press.

Goldstein, A.P., Glick, B., & Gibbs, J. C. (1998). *Aggression replacement training: A comprehensive intervention for aggressive youth (rev. ed.).* Champaign, IL: Research Press.

Goldstein, A.P., Glick, B., Irwin, M.J., Pask, C., & Rubama, I. (1989). *Reducing delinquency: Intervention in the community.* New York: Pergamon Press.

Goldstein, A.P., & McGinnis, E. (1997). *Skillstreaming the adolescent: New strategies and perspectives for teaching prosocial skills (rev. ed.).* Champaign, IL: Research Press.

Kohlberg, L. (1969). Stage and sequence: The cognitive-developmental approach to socialization. In D.A. Goslin (Ed.), *Handbook of socialization theory and research.* Chicago: Rand McNally.

Kohlberg, L. (1973). *Collected papers on moral development and moral education.* Cambridge, MA: Harvard University, Center for Moral Education.

McGinnis, E., & Goldstein, A.P. (1990). *Skillstreaming in early childhood: Teaching prosocial skills to the preschool and kindergarten child.* Champaign, IL: Research Press.

McGinnis, E., & Goldstein, A.P. (1997). *Skillstreaming the elementary school child: New strategies and perspectives for teaching prosocial skills (rev. ed.).* Champaign, IL: Research Press.

Meichenbaum, D. (1977). *Cognitive behavior modification: An integrative approach.* New York: Plenum.

Novaco, R.W. (1975). *Anger control: The development and evaluation of an experimental treatment.* Lexington, MA: Lexington Books.

Zimmerman, D. (1983). Moral education. In Center for Research on Aggression (Ed.), *Prevention and control of aggression.* Elmsford, NY: Pergamon.

攻撃的な子どもへの怒りコーピングプログラム

Joho E. Lochman
John F. Curry
Heather Dane
Mesha Ellis

　この章は，攻撃的な行動の問題の経緯を持つ子どものための怒りコーピングプログラム（Anger Coping Program）の歴史と概略について述べたものである。怒りコーピングプログラムとは認識行動的介入であり，攻撃的な子どもの社会的認知的なひずみと欠如を指摘したものである。プログラムの構造と内容を簡潔に再検討し，居住型治療施設での適用について論じた。プログラムの普及が議論され，怒りコーピングプログラムの結果についての研究が紹介されている。プログラムにより，子どもの行動や社会認知の過程が介入後に顕著に改善していた。

> KEYWORDS 怒りコーピングプログラム，攻撃性，行為の問題

怒りコーピングプログラムの歴史と目的

　他者への危害と将来の法的またはメンタルヘルスの問題のリスクがある子どもの攻撃的行動の有害かつ永続的な影響を想定し（Robins, 1978），発達の早い段階で攻撃性に取り組むための効果的な介入プログラムを発展させる意義深い取り組みが行われた。そのようなプログラムの1つが，Lochmanと彼の同僚によって開発された怒りコーピングプログラムである。

　怒りコーピングプログラムは18セッションの認知行動的介入で，攻撃的な子どもに適用されるようにDodgeの情報処理モデル（Dodge, 1993）に一部基づ

いている。このモデルによると，攻撃的な子どもは，社会的な手がかりを符号化すること，正確に社会的な出来事を解釈すること，出くわした問題に多様に適合する解決法を生む出すこと，解決法の結果を考慮し一番良い解決法を決定するための情報を使用すること，そして選ばれた解決法をうまく実行すること，などに困難をもつ（Lochman & Lenhart, 1993）。攻撃的な子どもは，より狭い範囲の社会的手がかりにより，敵意ある手がかりを選び，あいまいな状況で敵意のある意思を知覚する。全体的に見て，攻撃性の高い子どもは他の子どもより，社会的問題の解決法を生み出すことが少なく，身体的な攻撃による解決法をとる割合が高い（Lochman, Lamprom, Burch, & Curry, 1985）。

これらの調査結果をもとに，怒りコーピングプログラムは攻撃的な子どもの社会的認識スキルを改善するために計画された。プログラムは12セッションの怒りコントロールプログラム（Lochman, Nelson, & Sims, 1981）として始まり，その介入の研究結果から，18セッションの怒りコーピングプログラムへと発展してきた。怒りコーピングプログラムの使命は，攻撃的な子どもがより良い見解を取り入れるスキルを発達させ，怒りの生理的なサインの自覚を促進させ，社会的な問題解決スキルを向上させ，そして問題状況への反応の幅を増加させることを手助けすることである（Lochman & Lenhart, 1993）。子どもたちが外の世界で学んだことを，適用できるスキルを教えることが強調されている。反復，積極的な参加，話し合い，およびロールプレイング，すべては子どもに関わる方法として利用される。

【居住型環境への適用】

怒りコーピングプログラムは本来学校用で，小学校の年齢の攻撃的な少年のためにつくられたが，少女や年長や年少の子どもたちまたはクリニックで使えるように変えてもよい。他のプログラムを適用する可能性のある領域は居住型環境による治療で，修正し使われている。実用的な見地から，怒りコーピングプログラムはグループ形式で多様な子どもたちを取り込むことができ，そしてまた，スタッフを異なったレベルでプログラムの適用がうまくいくようにトレーニングすることができるので，居住型環境で有効であろう。プログラムの効力は居住型環境で正式に評価されていないが，怒りコーピングプログラムのこ

の環境への適用は有望に見える。

怒りコーピング治療のかぎとなる要素

　通常，怒りコーピングは，2人のセラピストの協同によりグループ形式で行なわれる。攻撃的または衝動的な少年のグループではマネジメントの課題が提示されるので，彼らにはある程度の臨床経験とリーダーシップのある責任の共有を必要とする。少なくとも1人のセラピストは，攻撃的あるいは反抗的な子どもとの経験がなければならない。もしリーダーの1人が集団心理療法かグループ介入のトレーニング経験があり（グループの規範の発展がモニターできるように），もう1人が子どもの社会的な背景を熟知しているなら最適である。ノースカロライナ州のダーラムの公立学校での私たちの研究では，通常，1人のセラピストがメンタルヘルスの専門家であり，もう1人が学校のガイダンスカウンセラーであった。

　怒りコーピンググループでは，グループ内の行動に対して行動論的な随伴性のシステムとセッション間の時間に対して週目標のシステムが導入される。たとえば，ポイントシステムが使われ，セッションの中で協力的な関与をするとポイントが得られ，破壊的または取り乱した行動ではポイントを失う。おやつ，アイスクリーム，または他の特典を個人かグループで得ることができる。

　怒りコーピンググループを遂行するのに必要なスペースと設備は，次のものである。セラピストは，あいまいな状況への個々の反応を引き出すために社会的な相互作用が描かれた刺激カードか絵を必要とする。同様にオーディオ・テープ・レコーダとマイク，そして子どもの最終的なビデオテープグループプロジェクトを録音し再生するための装置が必要である。

　18セッションの怒りコーピングプログラムの内容のすべては，Lochman, FitzGerald, とWhidby（1999），それにLochman, Lampron, Gemmer, とHarris（1987）に述べられ，概要もここにのっている。セッションからセッションへ目標を持ち越す必要があるかもしれないが，各セッションに1セットの目標が設定されている。

　第1セッションは，子どもたちがグループの目的を理解するのを手助けする

こと，グループのルールを確立すること，メンバー同士お互いを紹介し感じ方には個々の違いがあるという考えを紹介すること，などに焦点を当てる。メンバーは，怒りのコントロールにおける各自のうまくいかないことの例について共有することを求められ，ルールをつくる過程（秘密性，破壊的な行動）に取り組む。ルールは，その後のセッションで表示のために印刷用紙か類似のものに書かれる。第2セッションでは，目標設定を導入する。居住型治療環境では，教師または他のプログラムのスタッフが，日常の子どもの目標をモニターするための援助を求められる。グループ内では，子どもたちは具体的で観察できる週目標を明瞭に述べるのを手伝ってもらう。

　第3と第4セッションでは，感情のコントロールにおける考えの役割に焦点を合わせる。感情調整を高めるためには注意をコントロールするメカニズムや自己陳述などが必要で，そのためこれらのモデリングを行いかつ引き出すために，「セルフコントロールの練習」というゲームが勧められる。第5と第6セッションでは，客観性のある考え方を確立する。「絵の中で何が起こっているか」について異なった感じ方を引き出すのに，刺激カードへの応答が使用される。異なった応答をするように各メンバーに求めることによって，知覚と認識の柔軟性が助長される。

　第7セッションには，2つのかぎとなる概念がある。まず，子どもたちは，怒りの信号となる自分自身の生理的手がかりや身体の反応を識別することを教わる。次に，怒りの感情を高めたり，少なくしたりする自己陳述の影響を詳しく調べる。第8，第9，および第10セッションでは，怒りコーピングに不可欠の問題解決モデルを紹介する。問題自体を定義し，できる限り代わりの解決法を産み出し，これらの代わりの解決法を評価する，という考え方が紹介され，話し合われ，適用される。

　第11，第12，および第13セッションは，問題解決法である怒りコーピングを使っての実演ビデオテープの作成，という主要なグループプロジェクトにあてられている。メンバーは，学校（もしくは居住型施設）での怒りを刺激する問題を特定し，可能な解決法や結果を生みだし，ビデオに録画するためにそのような問題を一つ選ぶことにより，脚本を書く。それから，最終的なセッション（第14から第18セッション）では，子どもが解決を望んでいる追加の問題へモ

デルを応用することに焦点が当てられる。より多くのビデオテープが作られるだろう。各セッションでモニターされ強化された目標は，追加の問題解決の作業に焦点を当てることに役立つだろう。怒りコントロールに対する将来的な挑戦の期待が含まれ，そして明確にされたステップがそのような問題の解決の手助けになるだろう。

プログラムの実施

　居住型施設でどのように怒りコーピングを実行するかを決定する際に，プログラムの基本構造，トレーニングに必要なもの，職員配置，および必要なスペースなどが財政的な裏づけとともに考慮されなければならない。基本構造の点から，怒りコーピングプログラムは，類似した認知行動プログラムのように，臨床家のためにマニュアル化されているが柔軟な治療の選択の自由も提供するので，かなり居住型施設になじみやすい（Lochman, FitzGerald, & Whidby, 1999）。セッション計画のガイドラインがグループのリーダーに与えられるが，参加者の治療の必要性に応じるようにそのセッションを個別的にすることを奨励される。

　プログラム参加者は18セッションのコースの間，通常1週間に1度会うが，コース期間は本来の12セッションに減少することができる。また，プログラムは33セッションに伸ばすことも可能であり，そうするとセラピストはより多くの話題を探り，より広範囲のコーピングスキルを教えることができる。拡張されたバージョンのプログラムは，コーピングパワープログラム（Coping Power Program）（Lochman & Wells, 1996）と呼ばれ，親トレーニングと教師コンサルテーションと同様に，参加者のグループセッションと個人セラピーがある。怒りコーピングプログラムでは柔軟性が許容されているので，居住型施設での治療の計画者は，プログラムが最適に行われるために必要な時間と空間の約束について考慮することを慎重にすべきである。

　怒りコーピングプログラムは，グループセラピーではセッションが1時間から1時間半の長さのものが最も効果的であることがわかった。グループセラピーでは参加者がさまざまな様式を通してスキルを学ぶ。おそらく最も重要な様

5 攻撃的な子どもへの怒りコーピングプログラム

式は，仲間グループでの相互作用とフィードバックである。研究では，5～7人の子どもたちから成る少人数でクローズされたグループが，参加者にとってプログラムから成果を得るための最も助けになる環境を提供することが示唆されている（Lochman et al., 1999）。

上で述べたように，2人のセラピストの協同作業が勧められる。学校のキャンパスが居住施設と同じ敷地内にあるなら，教師かスクールカウンセラーが1人のコリーダーを務めることが最も望ましい。リードするセラピストは全員，心理学，ソーシャルワーク，カウンセリング，または精神医学における修士か博士号があるべきである。また，彼らには，攻撃的で行動の難しい子どもとともに作業したという経験があるべきである。

怒りコーピングプログラムの集中トレーニングは，たっぷり3日間のワークショップセッション，毎月のフォローアップワークショップ，電話によるコンサルテーション，および毎週のセッション計画のミーティングから通常なっている。また，グループのコリーダーは，参加者の特定の報酬やリスポンスコストについて概説する，グループの行動と随伴性のプログラムを作成し，定期的に再評価する時間を取るべきである。さらに，施設に入れられている子どもにしばしば伴う極度の行動の困難さのため，行動の援助者は参加者の行動マネジメントを手伝うためのグループセッションに参加することが勧められる。

居住施設をベースとする介入を計画するときに，臨床家はグループが同様の行動の困難さを持つ同性の子どもから構成されるとき，怒りコーピングプログラムが最も効果的であることを知っておくべきである。計画者は参加者を選ぶとき，攻撃的な行動が他者への迷惑だけではなく，彼ら自身にとっても問題であることに気づいている者を募集するべきである。その結果，グループになる可能性のあるメンバーの一般的なアセスメントは，臨床家がメンバーを選択し，参加者のニーズに合わせてプログラムをつくっていくために役立つ材料となる。基本的なアセスメントは，認識的，行動的な自己評定尺度と同様に子どもとの半分構造化されたインタビューが必要である。

多くの攻撃的な子どもは非常に取り乱すため，グループセッションでは部屋の中が視覚，触覚，そして，聴覚に注意散漫にならないことが必要である。セラピールームは，グループの参加者とリーダーが心地よく座れる十分な椅子を

置けて，ポスターボード，黒板，またはホワイトボードが使用できるくらいの大きさであるべきである。行動の困難さをもっている子どもの予測不可能な性質のため，居住施設ではグループから破壊的な参加者を除くために「タイムアウト」のスペースが必要である。

　資源に限りがあるので，プログラムの計画者は利用できるスタッフとスペースが限られていると思うだろう。その結果，怒りコーピングプログラムでは，居住者と臨床家が個人的に作業することが許され，そして，これが問題解決スキルを教えることに有効であることがわかった（Lochman et al., 1999）。

　居住施設で，怒りコーピングプログラムを実行するための予算では，グループのコリーダーと行動の援助者のための賃金が考慮されるべきである。親トレーニングの構成要素が確立されているならば，プログラム立案者は，ミーティング時の軽食，交通機関の調整，ミーティングの間の子どもの世話の用意などを通して親の出席を最大限に増やしてもよい。また，プログラムの立案者は，グループや個々のセラピーへの参加者のために，報酬，トークン，おもちゃ，およびセッションの材料の購入を考慮するべきである。セッションの材料は，ボードと絵，記憶をしておく材料，オーディオおよびビデオテープレコーダとテープ，トランプ，ゲーム，パペットなどで，写真複写のコストもかかる。

プログラムの再現と配付

　怒りコーピングプログラムについて行われている介入研究は，10年にわたってノースカロライナ州のダーラムの公立学校で行われた一連のランダムになされた臨床試験で始まった。これらの研究で顕著な改善が見つかり，アメリカ心理学会の特別委員会は，子どもと青年の行為の問題にとって有効な10の治療の1つとして怒りコーピングプログラムを特定した（Brestan & Eyberg, 1998）。その結果，怒りコーピングプログラムについてのワークショップは，1999年夏に児童期のメンタルヘルス問題のためのエビデンスベースの治療に関するナイアガラ会議（Niagara Conference）で紹介された。過去20年間，多くの同様のワークショップがメンタルヘルスの臨床家，スクールカウンセラーやスクールサイコロジスト，および少年の矯正スタッフに全国的に怒りコーピングプログ

ラムが提供されている。プログラムに好結果をもたらす大規模な実施は，いくつかの州の学校で行われ，ノースカロライナ州のウェイク郡とギルフォード郡でも行われた。ウェイク郡の実施では，40の学校のグループは200人以上の子どもで行われ，地元のプログラム評価では，プログラムへの関与の後に，プログラムに参加した子どもが攻撃的な行動のレベルを減少させて，問題解決のスキルを改善して，学力達成度を改善したことがわかった。これらの普及努力は，機関と学校の現地スタッフが有効に怒りコーピングプログラムを実施できることを示唆している。

　交付金で資金を供給された介入研究が現在，怒りコーピングプログラムの拡張バージョンについて行われている。この拡張バージョンはコーピングパワープログラムで，このプログラムは子どものための33セッションのグループ介入と16セッションの親グループ介入からなる（Lochman & Wells, 1996）。

　このプログラムは，通常15から18か月の期間まで提供されて，とくに小学校から中学校までの過渡期の子どもを対象としている。このプログラムは，オランダの児童精神医学施設およびノースカロライナの聾の寄宿学校を含む，いくつかの居住施設の臨床研究のために適合され，これらのプログラムは居住設定で有効に使用できることが示されている。これらの普及努力の過程で，われわれは介入の際の言語と文化への適合性に気を配らなければならない。それには他国の子どもたちや家族，そして身体的なハンディキャップのために特有のコミュニケーションの困難さをもっている子どもたちにも適切になるようにプログラムを調整することが必要である。カリキュラムとプログラムの伝達システムは4つの方法で，文化と民族の違い（たとえば，アフリカ系アメリカ人対ヨーロッパ系アメリカ人）に応じるようにつくられた。第1は，われわれの介入目標である社会的認知的過程と子育ての過程に影響する人種的要因についての文献が，慎重に検討された。第2に，われわれの介入を進展させるために，非常に積極的にアフリカ系アメリカ人をスタッフとして採用し，われわれの介入をどう伝えようとするかに彼らは主要な影響力を持っていた。たとえば，スキルの手本をあまりビデオに頼らず，能力のあるソーシャルスキルや能力の低いスキルの生のモデリングを与えるグループリーダーの考えが活かせるようにした。第3に，われわれのグループでは厳しく教えるアプローチをせずに，むし

ろ参加者にすでに行っていることで時々うまく行くことについての話し合いを活発にさせ，建設的なコーピング法を説明するのに彼らの例を使うのである。介入には問題解決アプローチを使い，教師としてよりも協力的なコーチとして振る舞う。第4に，われわれの研究では，民族的な地位が介入効果の強さに影響するかどうかを調査した。これらの研究や他の同様のプログラムについての研究では，これらの形式による子どもと親への介入が，同様にアフリカ系アメリカ人，ヨーロッパ系アメリカ人の子どもたちと親たちにも有効であることがわかった（Conduct Problems Prevention Research Group, 1999）。

プログラムの評価と成果

　子どもたちの攻撃行動と彼らの攻撃性と関係する社会的認知的要因についての徹底的なアセスメントは，広範囲の治療プログラムを計画する際に非常に大切な部分となり，それにプログラムを評価する努力にも決定的な影響を及ぼす。われわれの介入についての研究と臨床のアセスメントで，他で詳細に記述されている行動的測定と社会的認知的な測定の組み合わせを行った（Lochman, Whidby, Fitz-Gerald, 印刷中）。組み合わせの中心は，次のものである。
① 親と可能なら教師が記入する行動評定尺度
② 子どもたちが生み出した解決の割合とタイプを評価する社会的問題解決の測定
③ 子どもたちのゆがんだ符号化のスキルまたは彼らのゆがんだ帰属の測定，など

アセスメントのための他の測定として，構造化された面接，子どもたちの行動についての仲間からの報告，子どもたちの社会的目標，情緒理解と共感性などの測定がある。

　怒りコーピングプログラムの研究で，介入の終結までに子どもたちの行動に及ぼす影響が示されている。無作為に割り当てられた最小限の治療と，治療されないコントロール条件との比較で，Lochman, Burch, Curry, それにLampron（1984）は，治療を受けた攻撃的な小学生男児は，独自に観察された破壊的で攻撃的な課題に取り組まない行動の減少，親の評定による攻撃性の

減少，それにセルフエスティームの改善などを見出した。怒りコーピングプログラムについてのこの研究で，攻撃的な行動に最も大きな減少が見られた少年は，はじめは問題解決が最も下手であった（Lochman, Lampron, Burch, & Curry, 1985）。さらに，初期により強い不安や身体化があり仲間からの社会的受容がより低い少年に，より良い成果が起こる傾向にあった。少年が仲間からの拒否や攻撃的行動から生じる結果の心配などを減らしたい気持から，治療にいっそう動機づけられていることが示唆される。この研究で見られた治療後の行動的改善が，その後の研究でも再現された（Lockman & Curry, 1986）。3年後の追跡調査で，怒りコーピングができるようになった少年は，治療されなかったコントロール条件の子どもと比べて，より良い問題解決スキルがあり，セルフエスティームが高まり，薬物の使用がより低いレベルにあることがわかった（Lockman, 1992）。これらの測定で，治療された少年たちが攻撃的でない少年たちと同じ範囲にあり，少年たちが15歳のときの追跡調査で早期の薬物使用に注目すべき効果が示されている。しかしながら，学校での課題に取り組まない行動と親の攻撃性の評定の継続的な減少は，第2学年で親と共に短い補強治療を受けた少年のみに明白に見られた。このように，子どもたちやその親への補強治療が，この認知行動的怒りコーピングプログラムで獲得した行動の維持に重要であろう。これらの発見に基づき，怒りコーピングプログラムの拡張版であるコーピング力育成の介入（Multicomponent Coping Power intervention）は2つのランダムでコントロールされた介入試験で評価されている。上記のように一連の計画的な調査研究では，怒りコーピングプログラムとコーピング力育成プログラムは攻撃的行動の経緯のある子どもたちの有望で，効果的な介入方法であることが示されている。

文　献

Brestan, E.V. & Eyberg, S.M. (1998). Effective psychosocial treatments of conduct-disordered children and adolescents: 29 years, 82 studies, and 5,272 kids. *Journal of Clinical Child Psychology, 27,* 180-189.
Conduct Problems Prevention Research Group (1999). Initial impact of the Fast Track prevention trial for conduct problems: I. The high-risk sample. *Journal of Consulting and Clinical Psychology, 67,* 631-647.

Dodge, K. A. (1993). Social cognitive mechanisms in the development of conduct disorder and depression. *Annual Review of Psychology, 44,* 559-584.
Lochman, J.E. (1992). Cognitive-behavioral intervention with aggressive boys: Three-year follow-up and preventive effects. *Journal of Consulting and Clinical Psychology, 60,* 426-432.
Lochman, J.E., Burch, P.R., Curry, J.F., & Lampron, L.B. (1984). Treatment and generalization effects of cognitive-behavioral and goal-setting interventions with aggressive boys. *Journal of Consulting and Clinical Psychology, 52,* 915-916.
Lochman, J.E. & Curry, J.F. (1986). Effects of social problem-solving training and self-instruction training with aggressive boys. *Journal of Clinical Child Psychology, 15,* 159-164.
Lochman, J.E., FitzGerald, D.P., & Whidby, J.M. (1999). Anger management with aggressive children. In C.E. Schaefer (Ed.), *Short-term psychotherapy groups for children* (pp. 301-349). Northvale, NJ: Jason Aronson.
Lochman, J.E., Lampron, L.B., Burch, P.R., & Curry, J.F. (1985). Client characteristics associated with behavior change for treated and untreated boys. *Journal of Abnormal Child Psychology, 13,* 527-538.
Lochman, J. E., Lampron, L. B., Gemmer, T. C., & Harris, S. R. (1987). Anger coping intervention with aggressive children: A guide to implementation in school settings. In P. A. Keller & S. R. Heyman (Eds.), *Innovations in clinical practice: A source book* (Vol. 6, pp. 339-356). Sarasota, FL: Professional Resource Exchange.
Lochman, J. E., & Lenhart, L. A. (1993). Anger Coping intervention for aggressive children: Conceptual models and outcome effects. *Clinical Psychology Review, 13,* 785-805.
Lochman, J. E., Nelson, W. M., & Sims, J. P. (1981). A cognitive behavioral program for use with aggressive children. *Journal of Clinical Child Psychology, 10,* 146-148.
Lochman, J.E. & Wells, K.C. (1996). A social-cognitive intervention with aggressive children: Prevention effects and contextual implementation issues. In R. Dev. Peters & R. J. McMahon (Eds.), *Prevention and early intervention: Childhood disorders, substance use, and delinquency* (pp. 111-143). Newbury Park, CA: Sage.
Lochman, J.E., Whidby, J.M., & FitzGerald, D.P. (in press). Cognitive-behavioral assessment and treatment with aggressive children. In P. Kendall (Ed.), *Child and adolescent therapy,* Second Edition. New York: Guilford.
Robins, L. N. (1978). Sturdy childhood predictors of adult antisocial behaviour: Replications from longitudinal studies. *Psychological Medicine, 8,* 611-622.

⑥ 家族ベースのマルチシステミックセラピー

Scott W. Henggeler

　この章は，マルチシステミックセラピー（Multisystemic Therapy；MST）の概略を述べている。MSTは暴力や麻薬乱用などの深刻な臨床的問題を示す子どもたちや青年たちとその家族を治療する方法であるが，とくにその臨床的な有効性と費用効果が高いことを証明する理論的かつ経験的な根拠について議論されている。かぎとなる根拠は，深刻な臨床的問題を多面的に決定するという特質への注目，生態学的な妥当性が高いサービスの提供，それにプログラムを正確に支援するための徹底した質の保証を行う仕組みを使うこと，などである。MSTプログラムを臨床的，組織的，それにコミュニティの各レベルでうまく伝達することに伴う問題も強調されている。

> KEYWORDS　家族ベースのマルチシステミックセラピー，高いリスクをもつ若者，深刻な情緒障害

　家族ベースのマルチシステミックセラピー（MST；Henggeler, Schoenwald, Borduin, Rowland, & Cunningham, 1998）は，深刻な臨床的問題を示している子どもたちや青年たちのための集中的な家族ベースの治療である。MSTの理論仮説の背景にあるかぎは，子どもたちの情緒的かつ行動的問題は彼らの社会的環境の中で調べられるとき，最もよく理解されるというものである。社会的生態学についてのBronfenbrenner（1979）の理論と一致するが，行動は社会システム間の相互作用だけでなく，かぎとなる社会システムとその人との関係の特質によって双方向から影響を受けると見られている。子どものケースで

は，これらのシステムには家族，仲間グループ，学校，地域の人々，それに社会的サポートの背景などがある。重要なことには，行動が若者の社会的生態学に関連する要因から多面的に決定されるという見方は，問題の原因を外在化する領域での10年間の相互関連のある長期的研究（Loeber & Hay, 1997）により強力に支持され，それにうつ病のような問題を内在化することからも同様な証拠が現われている（Birmaher, Ryan, Williamson, Brent, & Kaufman, 1996）。

研究から示唆されるように，好都合な臨床的結果がでる可能性を最大限に利用するために，行動がそのとき多面的に決定されるならば，効果的な介入により個人，家族，仲間，学校それにコミュニティシステムを通して可能性のある広範囲の要因に焦点が当てられるはずである。1970年代後半でのMSTの発展はこの見解に基づいており，無作為に抽出された8つの発表された試験により，深刻な臨床的問題を示す若者とその家族にMSTが有効であることが支持されている（Henggeler, 1999a）。さらに，MSTは薬物乱用（たとえば，McBride, VanderWaal, VanBuren & Terry, 1997；Stanton & Shadish, 1997），若者の暴力（たとえば，Elliott, 1998；Tate, Reppucci, Mulvey, 1995），それにメンタルヘルス（たとえば，Kazdin & Weisz, 1998）などの領域の批評家により，高度に有望な治療モデルとして認められている。

かぎとなる治療要素

近年述べられているように（Henggeler 1999b），臨床的な問題をもつ子どもたちへの挑戦で好都合な成果を達成し，家庭外の施設に入れることに代わるコミュニティベースの方法として役立つためのMSTの潜在的な能力の基礎について最もよく説明するかぎとなる要素がいくつかある。

【広範囲のサービス】
10年間の研究では，深刻な臨床的問題は多面的に決定されること（たとえば，若者の認知的な変数やスキル，家族関係，仲間との相互作用，学校の変数，家族サポートのネットワーク，それに地域の人々との関係）が明らかにされたが，現在広く浸透しているメンタルヘルス，青少年の裁判，麻薬乱用へのサービス

などでは，しばしば問題を増加させる方法で（たとえば，治療で反社会的な若者をいっしょにすること），これらの要因の小さな部分の集まりにのみ焦点が当てられている。MSTでは，明らかにされた問題の原因を決定するために，若者と家族の社会的生態学を横断するリスク要因と予防要因について広範囲の評価がなされる。それから，これらの決定された要因に取り組むために，個別の戦略が展開される。

【生態学的な妥当性】

生態学的な妥当性を最大限にするために，家庭，学校，地域社会でMSTのサービスが提供される。家庭ベースのサービスが提供されることは，サービスアクセスに対して最も便利で，より妥当性のある臨床的アセスメントと結果の情報が提供され，家族が治療に参加することの手助けとなる。さらに，問題のあるところ（たとえば，家庭内，学校，近隣）で変化が生じているので，治療の般化の問題は少ない。最終的に，家庭以外の施設に入れることを防げるなら，そのような徹底したサービスは対費用効果も高い。

【質の保証】

MSTの治療原理に忠実であることと若者の示す成果との間には確立された関係があり（Henggeler, Melton, Brondino, Scherer, & Hanley, 1997；Henggeler, Pickrel, & Brondono, 1999；Huey, Henggeler, Brondino, & Pickrel，印刷中），MSTプログラムには徹底した質を保証する規約がある。MSTが実施されている場ではグループへのスーパービジョンが少なくとも週に1回行われ，成果を重視し細かく記された規約（Henggeler & Schoenwald, 1998）に従っている。MSTを普及させる場所で，MSTのコンサルタントがまた，治療の正確さを高め成果を上げることを目的とした細かく記された規約（Schoenwald, 1998）に従って週ごとのフィードバックを行う。さらに，コンサルタントはプログラムを成功させるために，いろいろな機関が組織的な障害に取り組む手助けをする。研究の場所と普及させる場所の双方について，世話人が治療を固守しているかどうかの評価の標準的な測定がインターネットの情報システムを通して6週間ごとに実施され，さらに研究の場所では各臨床家の

治療セッションの録音テープがMSTの専門家により評定されている。あわせて，これらの手続きはセラピストがMSTを確実に守ることを通して，成果を最大限に利用することを目的にしている。

【エビデンスベースの介入】

MSTの中で使われる特殊な介入戦略は，ほとんどの臨床家に対してよく知られたものである。MSTの臨床家は，行動療法，認知行動療法，それに実践的な家族療法のようなエビデンスベースの介入モデルを使う。しかしながら，これらの介入は社会的生態学の概念の枠内で使われ，また参加と成果についてプロバイダーの説明責任を強調するプログラム哲学やサービスへのアクセスの障害を取り除く責任の範囲内で行われている。

【世話人に権限を与えること】

MSTの基本的な仮説では，たとえ若者の世話人が深刻な臨床的難問を示しても，世話人は有利な長期にわたる成果を出すためのかぎになる，としている。よって，治療目標は世話人によって定められ，MSTの臨床的な資源の大部分はこれらの目標（若者を個人的に治療することに対して）を達成するために世話人の能力を高めることにあてられている。MSTの分析プロセス（Henggeler, Schoenwald et al., 1998）は，効果的な親になるための障害（たとえば，麻薬乱用，精神の病気，低いソーシャルサポート）を明らかにし，これらの障害に取り組むための戦略を発展させるために使われる。したがって，MSTのプログラムでは，大人の深刻な精神病理にエビデンスベースのサービスを行うための相当な専門知識が必要である。

【説明責任】

MSTのプログラムでは，家族を治療に参加させることや若者と家族に好都合な成果をあげることについて説明責任がある。高い説明責任では，効果的であるために必要とされる資源（たとえば，相対的に高い給料，取扱い件数が少ないこと，強力な臨床的サポート，組織的なサポート）を利用することの権利が要求され，そして，臨床家はプログラムの成功から利益を得て，個人的な成

功率が低いときは彼らのスキルを高める機会が提供されることなどが想定されている。

プログラムの構造

　MSTの臨床的手続き，成果，それにプログラムの構造についての広範囲の説明が，Henggeler,Schoenwaldら（1998）やHenggeler, Rone, Thomas,それに Timmons-Mitchell（1998）に述べられている。ここでは，MSTプログラムの構造を短く述べる。

【必要性のアセスメント】
　サービスシステム（たとえば，青少年の裁判，メンタルヘルス，社会福祉，学校，家庭裁判所）のステークホルダーと資金提供者が若者と家族を改善しそして（または）家庭外の施設に入れる若者の比率を減少することに関心を持っているコミュニティでは，MSTプログラムによる介入が最も適切である。コミュニティのステークホルダーによってそのような目標がはっきり示された後，早期の段階でMSTサービス会社と最初のコンタクトがとられる。この会社は，サウスカロライナ大学医学部（Medical University of South Carolina）を通してMSTの技術と知的財産を届けるための専用ライセンスをもっている。それから，MSTサービス会社はステークホルダーの継続的な関心を念頭に置きながら，MSTプログラムを実施する可能性を決定し，プログラムの有効性に対するいかなる潜在的な障害をも明確にするために，拡張サービスの実施場所のアセスメントを行う。

【対象者】
　MSTプログラムでは深刻な臨床的問題（たとえば，暴力，麻薬乱用）をもち，家庭外の施設に入れなければならないという差し迫ったリスクをもつ若者に焦点が当てられている。MSTサービスが徹底的に行われるという特質があるので（たとえば，セラピストの取扱い件数が少ない），MSTプログラムは経済的に実行可能であり，家庭外の施設に入れる若者を減少させることをしばし

ば暗示している。そのような家庭外の施設に入れるには，若者1人につき概して20,000ドルから70,000ドルかかり，成功するためのMSTプログラムは非常に費用効果が高い。実際に，ワシントン州公的政策研究所（Washington State Institute for Public Policy, 1998）では，MSTプログラムは若者の深刻な犯罪行為を減少するために計画された広範囲の多様さをもつ介入でありもっとも効果的である，と結論づけられている。

【資金提供】

より効果的なメンタルヘルスと青少年の裁判のサービスを発展させることの重要な目標は，資金の主眼点を現在サービス機関の予算の70パーセントを占めている家庭外の施設に入れることからエビデンスベースのコミュニティプログラムに変えることである。現在，MSTプログラムの収入には，主として3つの主要な出所から資金がある。1つ目は，家族保護またはリハビリテーション選択権の下にある低所得者医療扶助制度による補償金によるもの，2つ目は，行政の予算を家庭外の施設に入れることから徹底したコミュニティサービスに変えることによるもの，3つ目は，ケアを管理する組織体が経営する連続したケアの構成要素の中にMSTを入れることによるもの，などである。地域の給料の実情によるが，1つのMSTチームはコストが年間約225,000ドルかかり，45から50家族を治療する能力がある。

【組織的な背景】

MSTプログラムは普通，メンタルヘルスのサービスを提供する公的または私的な部門の組織体に入っている。そのような状況では，若者の示している深刻な問題を処罰に対してリハビリテーションを強調する文化である傾向が強い。しかしながら，プログラムの成功は青少年の裁判や家庭裁判所のような委託先との強力な連携にかかっている。MSTのセラピストは，多様なステークホルダーの観点が若者や家族の治療目標に組み入れられることを保証するために，青少年の裁判や社会福祉の専門家と密接に仕事をしている。

【必要な施設の資源】

相対的に施設の空間は少ししか必要としない，それはMSTを実行する人が主に家庭，学校，それに地域でサービスを提供するからである。しかしながら，セラピストは携帯電話，ポケベル，それに交通手段を必要とする。

【職員配置】

典型的なMSTのプログラムには，2つか3つのチームがあり，それぞれに3人のセラピストがいる。セラピストは通常修士レベルであるが，時には高度な資格を持つ学士レベルの臨床家が使われる。各セラピストは4から6家族を取扱い件数とし，治療の継続期間は約4か月である。したがって，各セラピストは年間約15家族を治療している。さらに，プログラムには実施場所に博士レベルのスーパーバイザーがいて（高度の経験のある修士レベルのスーパーバイザーがしばしば使われる），MSTのチームごとに少なくとも25％の時間スーパービジョンが行われる。ほとんどの実施場所にはまた，プログラムの管理者の役目をする人がいる。

【スタッフのトレーニング】

MSTでのトレーニングは，MSTの成功した臨床試験で使われている同じ規約を基本的に使いながら，MSTサービス会社によりサービスを実施する場所で提供される。セラピストとスーパーバイザーは，MSTの専門家からMSTの原理と臨床的手続きについて5日間の集中的なオリエンテーションを受け，3か月に1日半の補強トレーニング，それに継続的なケースのコンサルテーションなどを受ける。さらに，スーパーバイザーはMSTのスーパーバイザーの規約についてのトレーニングを受け，MSTの専門家はスーパーバイザーとしてのコンピテンスを形成しスーパーバイジーが臨床のスキルを発展させることを手助けする。MSTの専門家はまた，必要に応じて組織体やコミュニティへのコンサルテーションを行う。

【質の保証】

前に言及したように，暴力と慢性の若者の犯罪者（Henggeler et al., 1997）と薬物乱用の若者の犯罪者（Henggeler, Pickrel, & Brondino, 1999）について

の最近の臨床試験で得られた調査結果からは，構造化されたモデリングの研究 (Huey et al., 印刷中) からも同様に，MSTの治療規約をセラピストが守ることがより好都合な臨床的成果をもたらすことが示されている。治療に忠実であることと若者の示す成果との間にはこれらの確立された関連があるため，MSTプログラムではすでに質の保証に対する強い約束が強化されている。前に言及したように，すべてのMSTプログラムの中で，挑発的な臨床的問題を持つケースで成功するために必要な資源と臨床的サポートを臨床家に用意するために，一連の相互に関連した質の保証のメカニズムが使われている。

プログラムの配付

　Henggelerと彼の同僚は，MSTモデルの成功を実現させることについて，とくに暴力や慢性の若者の犯罪者についての長期の再逮捕率と家庭外の施設に入れることを減少するために，サウスカロライナ大学医学部の家族サービス研究センター（Family Service Research Center；FSRC）で，1990年代の早期に，公的かつ私的なプロバイダー組織からプログラムの普及のための依頼を受け始めた。FSRCの最初の反応は，臨床試験に使われる質の保証に関する規約に従い，トレーナーとコンサルタントとしてFSRCの臨床研究の学部教授陣を雇用しながら，MSTを送付する試みであった。このアプローチを使いながらささやかな成功は達成されたが，2つの本質的な困難さが最初の2〜3年の間に出現した。第1は，学部の時間として被ったFSRCの研究の任務が，研究プロジェクトから普及のために実施場所でのコンサルテーションへと方向転換したことである。第2は，普及のための実施場所では一貫した高水準のサービスと技術的な支援を大規模には受けられていなかった，それは任命されたコンサルタントの優先順位が，末端のサービスの実施場所でのコンサルテーションよりも，奨学金によるプロジェクトの管理，研究の原稿を書くこと，それに奨学金の申請を提出することなどであったからである。

　これらの難しさに焦点を当てるために，FSRCの指導部は医学部で信頼できる行政のリーダーからのアドバイスを求めた。明確なコンセンサスは，MSTを普及させる努力は民営化されるべきであること，それに新しく形成された普

及グループはMSTの技術と知的財産を譲渡するために大学と専用のライセンス協定書を交わすべきであることなどであった。MSTサービス会社は1996年に設立され，そのような大学との協同の協定を発展させた。現在，MSTの普及努力を民営化させるための決断が，非常に好結果を生んでいる。現在FSRCには50の学部とスタッフがいて，明確に研究の任務に集中している。MSTサービス会社は8名のフルタイムのコンサルタントと数名のパートタイムのコンサルタントがいる。しかしながら，最も大切なことはMSTサービス会社の任務は明確で，曖昧でないことであり，組織の絶対的な優先順位は，正確にMSTを普及させることと，セラピスト，スーパーバイザー，組織レベルとコミュニティレベルなどで，そのような正確さに対する障害に効果的に取り組むことである。1999年の11月まで，MSTプログラムは20の州，カナダ，ノルウェーに配付され，毎年2,000家族に供給されている。さらに，FSRCとMSTサービス会社の双方の成功は，効果的なMSTの普及（たとえば，プログラムの正確さを維持し，クライエントの成果を達成する普及）についてのスーパービジョンや組織の決定要因について研究するために設立されたNIMHと青年の裁判と犯罪防止局との協同を可能にしてきている。

臨床とサービスの成果

　850以上の家族が，公表されている8つのMSTの臨床的試験に参加した。これらの試験には，次のものがある。
- 1年7か月から4年の範囲でフォローアップを受けた，暴力と慢性の若者の犯罪者に関する3つの試験（Borduin et al., 1995；Henggeler, Melton, & Smith 1992；Henggeler, Melton, Smith, Schoenwald, & Hanley, 1993；Henggeler et al., 1997）
- メンタルヘルスの緊急事態（たとえば，自殺願望，殺人を犯す傾向，精神病）を示している若者に関する1つの試験（Henggeler, Rowland et al., 1999；Schoenwald, Ward, Henggeler, & Rowland, 印刷中）
- DSM-Ⅲの基準に合う薬物乱用または依存の若者の犯罪者に関する1つの試験（Brown, Henggeler, Schoenwald, Brondino, & Pickrel, 1999；

Henggeler, Pickrel, & Brondino, 1999 ; Schoenwald, Ward, Henggeler, Pickrel, & Patel, 1996)
- 3年のフォローアップを受けた若者の性犯罪者のこくわずかなサンプルに関する1つの試験（Borduin, Henggeler, Blaske, & Stein, 1990）
- スラム街の非行少年に関する1つの試験（Henggeler et al., 1986）
- 虐待する家族に関する1つの試験（Brunk, Henggeler, &, Whelan, 1987）

【臨床的成果】

調査結果では，いくつかの組み合わせが一貫して見られた。コントロール条件と比べ，MST条件の若者は情緒的かつ行動的機能を果たすことが顕著に改善されることを証明した。たとえば，いくつかのフォローアップを通して，常習犯の比率が25％から70％の間に減少した。MSTはまた，自己報告と観察に基づく測定の両方で，家族関係を改善することにとくに有効であった。そのような改善は，行動の問題の減少を達成することに関して決定的な役目を果たした（Huey et al., 印刷中）。さらに，MST参加者の学校への出席は，そのように評価を行った2つの研究のそれぞれで顕著に改善された。

【サービスの成果】

いくつかの無作為に抽出された試験では，居住型治療センター，少年院，精神病院入院患者病棟などの家庭以外の施設に入れなければならないという差し迫ったリスクをもつ若者に焦点を当てた。コントロール条件と比べて，MSTは家庭外の施設に入れる条件で，長期の日数の比率が47％から64％の間に減少した。これらの調査結果は，MSTが高度に費用効果の高い治療モデルであるという結論へと研究者を導いている。たとえば，犯罪裁判システムの恩恵と犯罪被害者の恩恵について，MSTの平均ネット収益は若者1人につき61,068ドルであり，これは少年院で観察された7,511ドルのネット収益の損失とは対照的である。

最後に，薬物乱用または中毒の若者の犯罪者（Henggeler, Pickrel, Brondino, & Crouch, 1996）と精神医学的緊急事態を示す若者（Henggeler & Rowland, 1999）に関する最近の研究は，治療の完了の割合がそれぞれ98％お

よび97％を示している。2つの研究から，4か月以上にわたってMSTの実施者と直接的に臨床的なコンタクトを取った結果によれば，家族はそれぞれ平均で60時間および100時間治療に参加した。これらの調査結果は，伝統的に治療には抵抗があると考えられていた若者と家族を効果的に引き入れるMSTの能力を支持している（Cunningham & Henggeler, 1999）。この能力は，MSTのサービスを受けている家族により報告された，消費者の満足度が高いことの説明に最もなりそうである（Henggeler, Rowland et al., 1999）。

文　献

Aos, S., Phipps, P., Barnoski, R., & Lieb, R. (1999). *The comparative costs and benefits of programs to reduce crime: A review of national research findings with implications for Washington State, Version 3.0.* Olympia, WA: Washington State Institute for Public Policy.

Birmaher, B., Ryan, N. D., Williamson, D. E., Brent, D. A., & Kaufman, J. (1996). Childhood and adolescent depression: A review of the past 10 years. Part II. *Journal of the American Academy of Child and Adolescent Psychiatry, 35,* 1575-1583.

Borduin, C. M., Henggeler, S. W., Blaske, D. M. & Stein, R. (1990). Multisystemic treatment of adolescent sexual offenders. *International Journal of Offender Therapy and Comparative Criminology, 35,* 105-114.

Borduin, C. M., Mann, B. J., Cone, L. T., Henggeler, S. W., Fucci, B. R., Blaske, D. M., & Williams, R. A. (1995). Multisystemic treatment of serious juvenile offenders: Long-term prevention of criminality and violence. *Journal of Consulting and Clinical Psychology, 63,* 569-578.

Bronfenbrenner, U. (1979). *The ecology of human development: Experiments by design and nature.* Cambridge, MA: Harvard University Press.

Brown, T. L., Henggeler, S. W., Schoenwald, S. K., Brondino, M. J., & Pickrel, S. G. (1999). Multisystemic treatment of substance-abusing and dependent juvenile delinquents: Effects on school attendance at posttreatment and 6-month follow-up. *Children's Services: Social Policy, Research, and Practice, 2,* 81-93.

Brunk, M., Henggeler, S. W., & Whelan, J. P. (1987). A comparison of multisystemic therapy and parent training in the brief treatment of child abuse and neglect. *Journal of Consulting and Clinical Psychology, 55,* 311-318.

Cunningham, P. B., & Henggeler, S. W. (1999). Engaging multiproblem families in treatment: Lessons learned throughout the development of multisystemic therapy. *Family Process, 38,* 265-281.

Elliott, D. S. (1998). *Blueprints for violence prevention* (Series Ed.). University of Colorado, Center for the Study and Prevention of Violence. Boulder, CO: Blueprints Publications.

Henggeler, S. W. (1999a). Multisystemic therapy: An overview of clinical procedures, outcomes, and policy implications. *Child Psychology & Psychiatry Review, 4*, 2-10.

Henggeler, S. W. (1999b). Multisystemic treatment of serious clinical problems in children and adolescents. *Clinician's Research Digest, Supplemental Bulletin 21.*

Henggeler, S. W., Melton, G. B., Brondino, M. J., Scherer, D. G., & Hanley, J. H. (1997). Multisystemic therapy with violent and chronic juvenile offenders and their families: The role of treatment fidelity in successful dissemination. *Journal of Consulting and Clinical Psychology, 65*, 821-833.

Henggeler, S. W., Melton, G. B., & Smith, L. A. (1992). Family preservation using multisystemic therapy: An effective alternative to incarcerating serious juvenile offenders. *Journal of Consulting and Clinical Psychology, 60*, 953-961.

Henggeler, S. W., Melton, G. B., Smith, L. A., Schoenwald, S. K., & Hanley, J. H. (1993). Family preservation using multisystemic treatment: Long-term follow-up to a clinical trial with serious juvenile offenders. *Journal of Child and Family Studies, 2*, 283-293.

Henggeler, S. W., Pickrel, S. G., & Brondino, M. J. (1999). Multisystemic treatment of substance-abusing and dependent delinquents: Outcomes, treatment fidelity, and transportability. *Mental Health Services Research, 1*, 171-184.

Henggeler, S. W., Pickrel, S. G., Brondino, M. J., & Crouch, J. L. (1996). Eliminating (almost) treatment dropout of substance-abusing or dependent delinquents through home-based multisystemic therapy. *American Journal of Psychiatry, 153*, 427-428.

Henggeler, S. W., Rodick, J. D., Borduin, C. M., Hanson, C. L., Watson, S. M., & Urey, J. R. (1986). Multisystemic treatment of juvenile offenders: Effects on adolescent behavior and family interactions. *Developmental Psychology, 22*, 132-141.

Henggeler, S. W., Rone, L., Thomas, C., & Timmons-Mitchell, J. (1998). *Blueprints for violence prevention: Multisystemic therapy.* D. S. Elliott (Series Ed.), University of Colorado, Center for the Study and Prevention of Violence. Boulder, CO: Blueprints Publications.

Henggeler, S. W., Rowland, M. R., Randall, J., Ward, D., Pickrel, S. G., Cunningham, P. B., Miller, S. L., Edwards, J. E., Zealberg, J., Hand, L., & Santos, A. B. (1999). Home-based multisystemic therapy as an alternative to the hospitalization of youth in psychiatric crisis: Clinical outcomes. *Journal of the American Academy of Child & Adolescent Psychiatry, 38*, 1331-1339.

Henggeler, S. W., & Schoenwald, S. K. (1998). *The MST supervisory manual: Promoting quality assurance at the clinical level.* Charleston, SC: MST Institute.

Henggeler, S. W., Schoenwald, S. K., Borduin, C. M., Rowland, M. D., & Cunningham, P. B. (1998). *Multisystemic treatment of antisocial behavior in children and adolescents.* New York: Guilford Press.

Huey, S. J., Henggeler, S. W., Brondino, M. J., & Pickrel, S. G. (in press). Mechanisms of change in multisystemic therapy: Reducing delinquent behavior through therapist adherence and improved family and peer functioning. *Journal of Con-*

sulting and Clinical Psychology.

Kazdin, A. E., & Weisz, J. R. (1998). Identifying and developing empirically supported child and adolescent treatments. *Journal of Consulting and Clinical Psychology, 66,* 19-36.

Loeber, R., & Hay, D. (1997). Key issues in the development of aggression and violence from childhood to early adulthood. *Annual Review of Psychology, 48,* 371-410.

McBride, D., VanderWaal, C., VanBuren, H., & Terry, Y. (1997). *Breaking the cycle of drug use among juvenile offenders.* Washington, DC: National Institute of Justice.

Schoenwald, S. K. (1998). *Multisystemic therapy consultation guidelines.* Charleston, SC: MST Institute.

Schoenwald, S. K., Ward, D. M., Henggeler, S. W., Pickrel, S. G., & Patel, H. (1996). MST treatment of substance-abusing or dependent adolescent offenders: Costs of reducing incarceration, inpatient, and residential placement. *Journal of Child and Family Studies, 5,* 431-444.

Schoenwald, S. K., Ward, D. M., Henggeler, S. W., & Rowland, M. D. (in press). MST vs. hospitalization for crisis stabilization of youth: Placement outcomes 4 months post-referral. *Mental Health Services Research.*

Stanton, M. D., & Shadish, W. R. (1997). Outcome, attrition, and family-couples treatment for drug abuse: A meta-analysis and review of the controlled, comparative studies. *Psychological Bulletin, 122,* 170-191.

Tate, D. C., Reppucci, N. D., & Mulvey, E. P. (1995). Violent juvenile delinquents: Treatment effectiveness and implications for future action. *American Psychologist, 50,* 777-781.

Washington State Institute for Public Policy (1998). *Watching the bottom line: Cost-effective interventions for reducing crime in Washington.* Olympia, WA: The Evergreen State College.

❼ コミュニティベースの
非行少年のケアプログラム

Kevin J. Moore
Peter G. Sprengelmeyer
Patricia Chamberlain

　この章では，若者の慢性的な非行動とその家族に焦点を当てる，経験的に妥当性のある治療的アプローチについて概説している。このアプローチは，里親のケアによる多次元からの治療（Multidimensional Treatment Foster Care；MTFC）と呼ばれている。MTFCは，行動論的親トレーニングによるアプローチの有効性についての証拠や，親のコントロールを超えることが見出されている非行少年の行動に取り組むためのプログラムの臨床的必要性などから発展した。MTFCは，青年を家族とコミュニティに戻す必要性に焦点を当てて開始され，そして，そのために，プログラムでは治療効果の般化が強調されている。MTFCプログラムが再現された最近の研究では，有効性，実用性，費用効果の高さなどの概略が述べられている。

> KEYWORDS　コミュニティへの介入，判決を受けた若者，里親のケアによる治療

　オレゴン社会的学習センター（Oregon Social Learning Center；OSLC）は多様な訓練についての研究と発達の問題を扱うセンターで，30年以上にわたって健康な発達と家族の機能に関係する社会的，心理的プロセスの科学的理解を高めることに焦点を当てている。OSLCの研究者は，子ども，青年，家族，それにコミュニティを強くする介入の計画と評価に，人間の発達と健康な機能についての理解を適用している。OSLCで開発された里親のケアによる多次元からの治療（MTFC）プログラム（Chamberlain, 1994）は，このユニークな研究と発達の問題が扱われる中で発展した。以下は，MTFCの発展の歴史を短

7 コミュニティベースの非行少年のケアプログラム

くまとめたものである。

OSLCとオレゴン大学でのGerald Patterson, John B. Readそれに彼らの同僚たちによる最初の研究（たとえば，Patterson, 1982）では，家族メンバーの相互作用でごく短時間のうちに起こる偶然の出来事が，子どもの発達で生じる多くの相違を説明することが示唆された。さらに，青年期には仲間の存在が，とくに非行と暴力について発達の結果に影響を及ぼすという根拠が蓄積されている（Dishion & Patterson, 1997；Patterson, Reid, & Dishion, 1992；Stoolmiller, 1994）。1960年代の終わりから1970年代にかけて，OSLCや他機関の研究者は（Fotehand & McMahon, 1981；Wahler, 1976），とくに親とその行動障害を持つ子どもたちとの間の相互作用に焦点を当てる行動論的家族療法と親トレーニングアプローチを発展させた。とくに，これらのアプローチではごく短時間のうちに起こる家族の社会的相互作用を変化させることが試みられ，暴力によらない制限の設定（たとえば，タイムアウトやリスポンスコスト）を通して，威圧的なやりとりを止め，発達的に適切な行動が起こるような家族の相互作用が意図的に行われた。成果についての研究（Forehand & Long, 1988；Patterson, Chamberlain, & Reid, 1982）では，これらの行動的な介入は幼児や青年期前の子どもたちの問題行動を減少し，積極的な親と子の相互作用のパターンを増加させる手助けとなることが示唆された。

1970年代の終わりから1980年代の初めに，OSLCではこれらの成功した行動論的親トレーニングや行動論的家族療法を青年期に応用することが試みられた。その結果，深刻な行動化をする青年や判決を受けた青年に対してそれらの治療が適用されるときは有効であった（Bank, Marlowe, Reid, Patterson, & Weinrott, 1991）。しかしながら，家族が治療に紹介されるまでには，たいへん多くの無秩序でコントロールのきかない行動がよく見られ，それに若者と親との間で否定的な情緒的反応がしっかり形成されているので，親に子どもを効果的に養育するのに必要なスキルを教えることは困難であった。さらに，OSLCでは威圧的な相互作用の連続を目標にする1つのメカニズムによる親トレーニングでの介入は必要ではあるが，青年の発達上の望ましくない軌道を変化させるには十分でないことが強調されている。仲間からの望ましくない影響，他の状況（たとえば，学校，勉強）での失敗，それに親や他の親しい大人から

の疎外などはまた，望ましくない発達の軌道を維持することや強めることと関連することが明らかになった。

　行動論的親トレーニングを青年に普及させる試みで，治療と研究の双方のスタッフが治療に対する単一なメカニズムによるアプローチに代わるものについて仮説を立て始めた。その試みの中心的な難しさは，進行中の葛藤の多い親子関係のプレッシャーの外側の事柄に取り組むために，若者とその親を分離しなければならないことある。そのような分離により，家族の相互作用で極めて儀式化されているパターンが壊れ，青年の深刻な問題行動（たとえば，逸脱した服装，満足を遅延することの能力の無さ）に暗示される他の領域に取り組むことができる。オレゴン州では，収監されその後帰宅した12歳から18歳の判決を受けた若者を対象に，代理者（proctor）による里親のケアプログラムの提案が依頼され，OSLCの親トレーニングと行動論的家族療法による治療が必然的な拡張サービスとしてMTFCプログラムを発展させた。

　上で言及した臨床的問題に加えて，MTFCの発展は行動的かつ情緒的な調節に深刻な問題をもつ若者の治療モデルの一般的な問題に取り組み始める機会としてみなされた。つまり，治療効果を一般化することである。おそらく，心の病をもつ若者とその家族の問題を減少しようとする社会の試みで最も劇的なものは，若者を家庭から離して居住型施設に置こうとするものである。いくつかの目立った研究では，若者が施設にいる間はしばしば有意義な治療効果が明白であるが，若者が施設を出た後はこれらの治療効果が典型的に消失することを示している（Bank, Marlowe, Reid, Patterson, & Weinrott, 1991）。

　ここ40から50年の公的政策の結果についてのわれわれの結論は否定的で，若者の個人的な行動の変化を生み出し，これらの変化が般化し，家族，仲間，きょうだい，それに教師の社会に役立つようにする影響と有効に張り合うことを望む試みは機能しない，というものである。そのため，居住型環境からコミュニティベースの環境に戻し治療効果を般化させる問題や判決を受けた非行少年の家族を治療することの難しさに対して，われわれは合同の家族療法を行いながら，子どもを「治療する」ための「代理」家族を使うアプローチを行った。行動論的親トレーニングと家族療法の経験に加えて，われわれの最初のモデルである「里親のケアによる治療」は，Robert Hawkinsと彼の同僚がメンタル

ヘルスの困難をもつ子どもたちの治療モデルとして里親のケアによる治療を使った仕事の影響を受けている（Hawkins, Meadowcroft, Trout, & Luster, 1985）。

里親のケアによる治療のようなコミュニティや家族をベースにした治療の基金となる資源を集め始めることに州が意欲的であることはまた，メンタルヘルス，発達障害，それに特別な教育において治療技術を適用することに関心がある多くの親や専門的な支援グループによって大いに影響を受けるように思われる。これらの親や専門家は，治療手続きと生活環境の双方について「最も小さい限定的な代替手段」をベースにした治療を主張している。MTFCプログラムでは，対象となる若者の個人的なニーズに役立つことに柔軟であり，かつ学習された行動を若者が般化させることが推測される環境と同じ最も小さい限定的な環境（たとえば，実の親の家）をつくり出すというこれらの目標が満されると思われる。この章の以下の部分は，MTFCプログラムの中で提供されるサービス，治療の配布と正確さ，それに成果の評価について議論されている。

サービスの説明

MTFCプログラムには，次のようなことを含む総合的な治療モデルが使われている。
① 里親の募集とスクリーニング
② 集中的なサービス前のトレーニング
③ 専門家スタッフによる継続した里親へのコンサルテーション
④ 学校のコンサルテーション，若者の個人的な治療，それと家族療法
⑤ 若者とその家族に対する「包み込むような」または注文に応じたサービスの配布を行うアフターケアサービス，など

【里親の募集とスクリーニング】
MTFCの里親として，異なった社会的，民族的，それに経済的背景をもつ片親と二親の双方の家族がたいへん役に立つ。子どもたちの示す問題の大きさから，選ばれた家族は家族に入れた子どもの特殊な行動目標に向けて積極的に一貫性をもって，そして協同的に快く仕事をしなければならない。募集は主と

して詳細に現在のMTFCの里親から口頭で行われ，その里親はMTFCの里親になる他者を紹介して「手数料」を受け取っている．

【サービス前のトレーニング】

サービス前のトレーニングの内容と方法は，OSLCで開発された臨床的な親トレーニングプログラムと方法から作り替えられている．それゆえ，MTFCの里親トレーニングは社会的学習による親トレーニングモデルと同様で，1960年代後半より治療に関する研究で使われ再現されてきている．このトレーニングモデルでは，里親の家庭に入れられている若者のために事前に決められた特定の治療活動を毎日行うことが求められている．治療活動は1つのプランに体系づけられ，若者に適切な家族の生活，社会的，学業的，気晴らしの，それに職業的スキルを教えることに焦点を当てている．

すべての里親は，20から30時間のサービス前のトレーニングを完了するが，このトレーニングには，特殊なターゲット行動を観察し明確にすること，効果的な賞賛を使うこと，事前に教えること，明確で一貫性のある制限を設けること，それに積極的な結果と承認を使うことなどの社会的学習の原理が含まれている．トレーニングではまた，発達的問題（アタッチメント，分離，それに関係の発達などが含まれる），動機づけについての戦略，法律的倫理的問題（たとえば，安全な環境をつくること，若者の権利，以前の薬物乱用に関連する心配），コミュニケーションと問題解決の戦略（たとえば，直面を防止すること），それに職業的な関心（たとえば，実の家族，教師，それに社会福祉のケースワーカーと作業をする時に客観性を維持すること）などに取り組む．

MTFCの里親は，家庭に入れられた若者に特別に毎日教える必要のある内容にプログラムの一般的な原理を適用するようにトレーニングを受ける．毎日のフィードバック（ポイントカード）による個人的なポイントと到達レベルの関係を扱うシステム（または，幼児のための星取り表のような，発達的に適切な随伴性マネジメントシステム）が使われる．レベルのシステムと毎日のポイントカードがよく使われ，里親とコンサルタントは最小限の毎日期待すること（たとえば，時間どおりに起床する；学校へ行く；宿題を終わらせる；大人の指示に従う）をはっきりと細かく述べることができる．レベルのシステムと毎

日のポイントカードにより，特典を増やすことや責任のとりかたについて若者が指導される。プログラムのレベルについて，毎日のポイントカードにより里親はその時々の社会的相互作用と行動について子どもを強化しより小さい結果を与える構造を用意している。ポイントとレベルのシステムは3つのレベルに分けられ，徐々により多くの特典と責任が若者に与えられ，レベル3ではできるだけ早く発達的に適切な自立した生活に向かわせる。

【継続的な里親へのコンサルテーション】

子どもがMTFCの家庭に入れられると，里親に対して専門的なコンサルテーションが行われ，安定した入居生活の確立と維持がはかられる。里親はスーパービジョンを受けながら，子どもに健康的で機能的な親子間の相互作用を促進するスキルを教え強化を行う。若者は親子間の葛藤や破壊的な行動を減少し，大人との関係を改善するスキルについてその都度教えられる（ポイントや特典を獲得したり失うこと，ロールプレイ，自発的な教授，それにカウンセリングなどにより）。毎日の行動と活動が慎重に観察され，それから子どもの発達面や社会面の機能レベルに調和される。このプロセスの間，子どもは自分の行動と感情の状態について説明責任を持たされたままで，小さなシェイピングのステップにより機能的，社会的に行動するように教えられる。里親は毎日ポイントを計算しフィードバックを与え，子どもはうまく行っていることや改善が必要なところについて知る。このフィードバックのプロセスは，里親が望ましい行動を励まし（たとえば，余分のポイントを与えること，自発的な賞賛と感謝を高率に使うこと），機能的でない行動を止めさせる（たとえば，ポイントを失うこと，タイムアウト，特典の除去，または小さな雑用）機会となっている。

【学校コンサルテーション，個人カウンセリング，それに家族カウンセリング】

プログラムが実施されている家庭の中で若者が受け取る継続的なフィードバックから行動の変化が生じて本来の治療効果が見られるが，MTFCプログラムは若者が関係する他のシステムへの介入の試みにも使われている（たとえば，学校コンサルテーションと介入，個人的な治療と家族療法）。すべてのそのよ

うな介入は同じ社会的学習の原理に基づき，里親と若者の間に相互作用を起こしている。

【アフターケア】

プログラムに参加した若者とその家族へ提供されるアフターケアのサービスは，MTFCの里親家族に役立つことが見出されこれらのサービスに基づいている。これらのサービスには，24時間の危機介入，グループや個人のコンサルテーションとサポート，学校コンサルテーションと介入，個人と家族のセラピー，結果の支援（たとえば，センターでのタイムアウト，監督を受けて日課を行うこと，保護観察官との話し合い，随伴性の契約によるお金の受け取り），交通手段に必要なお金，それに経過を維持するための若者と家族のインセンティブ，などがある。

治療の配布と正確さ

この家族ベースの治療モデルでは，プログラムの中で若者に「治療」のほとんどを用意するのが里親である。われわれの最近の研究（Chamberlain & Moore, 1998；Chamberlain & Reid, 1998）から，若者の（不）適切な行動を形成し維持するのは，その都度起こる随伴性と養育上のモニタリングであることが示唆されている。MTFCのプログラムに入る若者は，極端な威圧的な行動で要求どおりの結果が達成できることを学習しているので，これらの子どもたちと作業している里親はプロフェッショナルとして支援される必要がある。さらに，里親としてケアをしている間青年の責任ある行動を励ますことは，MTFCのプログラムの最終的な目的ではない。最終的な目標は，若者が彼らの要求を満たすことのできる最も小さい限定された環境に戻ることである（しばしばこれは実の親がいる家庭である）。それゆえ，プログラムにかかわるスタッフは，若者の行動の変化が他の環境（たとえば，コミュニティ，学校）へ般化するのを助けるために，MTFCの家庭でなされている介入を支援するのである。

MTFCモデルは，治療に若者個人とその家族の要求を満たすのに十分な柔軟性があることを保証することに細心の注意を払って発展した（Chamberlain,

1994)。同時に，プログラムの細部にわたって，トレーニングと臨床的なスーパービジョンの焦点は治療の正確さに置かれている。たとえば，MTFCのプログラムで若者の現在の要求や強さに焦点を当て，治療モデルが守られることをモニターするために，サービス前のトレーニングと毎週の義務的なスーパービジョン（たとえば，里親をサポートするグループと臨床的なスーパービジョンのグループ）が使われる。臨床スタッフと里親の介入に対する凝集性を高め，隔離された状況にとどまらないようにするために，スーパービジョンとモニタリングが必要である。

　もう1つの治療を守るために重要なチェックは，毎日（平日）の電話による通話を行うことで，それにより過去の24時間の若者の経過や問題についてのデータが集められる（里親の毎日のレポートを使うこと；Chamberlain & Reid, 1987)。里親の毎日のレポート（PDR）のために電話をかける人はまた，問題行動に対する里親の反応をモニターし，潜在的な問題にスタッフメンバーの注意を喚起する手助けとなる。PDRのデータは，スーパービジョンのミーティングに焦点を当て，治療の正確さをたどり，それに行動的な変化やパターンをモニターするのに使われる。

● 再現と成果の評価の研究

　ごく最近始められた，MTFCに関するいくつかの再現を行うプロジェクトがある。MTFCプログラムは，コロラド大学の暴力に関する研究と予防センター（Center for the Study and Prevention of Violence）によって，10の「ブループリント」プログラムの1つとして選ばれた。「ブループリント」プログラムは，科学的に有効な根拠と，それに基金で建てている実施場所を超えた再現のためのプログラムの準備状態に基づき慎重に選択される。現在，MTFCは3つの場所（Lynchburg, VA；Flagstaff, AZ；Allentown, PA）で再現されている。しかしながら，政府の資金による普及の努力の成功や失敗を評価することは，あまりにも時期尚早である。「ブループリント」プログラムの再現に加えて，テネシー州における子どものケアを行なう大きな機関が，州全体にわたるケア契約の一部として，MTFCモデルを使っている。この機関は，過去3年間にわたりトレーニングと継続的な臨床的コンサルテーションを受けてい

る。この機関からの興味ある報告では，MTFCモデルを使用することは，居住型ケアのコストを減らし，居住型の家庭に入れることで本人の安定性を改善し，里親の離職を減少している。

　このプログラムの普及についてのわれわれの経験では，プログラムを続けるための最も困難な側面の1つは，深刻な問題をもつ若者とその実の家族に正面から対処する率先的で前向きな治療文化が存在しないことであった。プログラムを続けるのに困難を伴う他の特徴的な側面は，居住型環境での行動を正の強化を通して扱うことと，随伴性を生かして今ここでの問題に焦点を当てることなどが強調されている点である。その都度起こる随伴性を調和させて行動を扱うことは，メンタルヘルスの機関にとってはとくに困難であり，そこのスタッフは独自に仕事をし，効果的な治療の基本として個人的な洞察志向のセラピーまたは十分な意図を持った「話し合い」を使うように訓練されているからである。治療のアプローチの中で明らかに熟練した人と一貫したスーパービジョンの関係を維持することが，これらの正確性を困難にしている問題に適切に取り組むことのように思われる。

【成果の評価】

　もし適切な資源が利用できれば，治療条件にランダムに割り当てられた参加者について，多様な方法や多様な機関での評価がなされることが，MTFCの評価にとって最適なものになるだろう。しかしながら，そのような評価を行うための資源をもった適切な環境は少ない。このように，計画されたプログラムのいかなる評価でも，存在する第三者の情報（たとえば，正式な逮捕記録，学校の記録，それにプログラム実施後の生活状況についての妥当性のある測定）を使用することを試みるべきである。プログラムの評価では，プログラムを適用した若者への直接的な効果を超えた治療の影響にも目を向けるべきである。治療が及ぼす影響の他の問題としては，里親を確保しておくこととコミュニティの消費者の満足（たとえば，照会者，里親と実の親，若者，学校など）などがある。多様な評価を行う場所がなかったとしても，MTFCの成果について発表されたデータベースの最初のものが文献にある（Chamberlain & Moore, 1998；Chamberlain & Reid, 1998）。

ChamberlainとReid（1998）は，グループによるケア（GC）で治療された若者と比較して，MTFCプログラムで治療された若者は再逮捕が顕著に低く，親または親族と生活するために家庭に帰ることが顕著に多くみられることを報告した。将来の非行行動の他の予測因子（たとえば，最初の逮捕の年齢，治療に照会された年齢）と比較して，治療条件の変数（たとえば，GCまたはMTFC）の相対的な予測力はまた，いくつかの重要な関係があることを証明している。重回帰分析によれば，治療条件（たとえば，GCまたはMTFC）は，慢性の青少年の犯罪について他のよく知られた予測因子（たとえば，最初の犯罪の年齢，前の犯罪の数，照会されたときの年齢）以上に，フォローアップ時に公式と自己報告の両方の犯罪性を予期することが示された。この介入による発見は，早期の逮捕率と慢性的な青少年の逮捕率との間の極端に緊密な関係（.50から.80）が見られるというPattersonと彼の同僚たち（たとえば，Patterson, 1996）の最近の注目すべき研究がある。さらに，MTFCに照会された年齢は，結果についての意味のある独立変数であるとの説明にはならなかった。つまり，プログラムは年長と年少の非行少年の変化に同じ水準で影響を及ぼすことが可能であった。より典型的には，非常に大きな行動的変化はより年少の子どもたちで達成されるが，青年ではより少なかった（Patterson, Dishion, & Chamberlain, 1993）。ChamberlainとReidの調査結果では，年長で早期に非行が始まった非行青年を，強力でよくトレーニングされ，そして支援をされたMTFCの家族の中で治療することにより，彼らの非行の方向性を変化させる可能性のあることが暗示されている。

【臨床的実用性】

上に述べた有効性の研究に加えて，いくつかの最近の批評では（アメリカ心理学会，1994；Jacobson & Christensen, 1999），効果的な介入でさえ相対的に費用効果が高く，般化が可能で，それに実行可能性のあることなどが明確に証明されなければ，臨床的実用性は制限されるだけであることが示唆されている。MTFCプログラムでは，プログラムが多様に実施されることによってその実行可能性に取り組んでいるように思われる。さらに現存する文献ではこの治療アプローチの費用効果が高いことや般化の可能性に焦点が当てられてきた。

Aos, Phipps, Barnoski, それに Leib（1999）は，青少年の犯罪者についての独自の費用効果が高い研究にMTFCを含めた。たとえば，青少年の犯罪に関連する社会的経費（たとえば，法廷の費用，被害者の費用，財産の損失，それに家庭外でのケアにかかる費用）は，対象者が25歳までは費用効果が高いが，MTFCは普通のサービスと比べて納税者に17,000ドル以上節約させている。さらに，プログラムの費用は治療後2年以内に取り戻されることが，分析から示されている。

　MTFCプログラムは，非行の男性青年の行動的問題に取り組むためにつくりだされたものである。15年以上にわたって，MTFCモデルの般化がさまざまな人種の若者たちへ試みられている。MTFCは家庭外における介入であるため，対象となる若者は家庭で扶養できない子どもたちや青年たちのみである。たとえば，MTFCは州の精神病院に入院している子どもたちのサービスとしてランダムな試験で評価されてきた（Chamberlain & Reid, 1991）。さらに，判決を受けた青年期の女性，幼児（4歳から6歳），それに知的にボーダーライン（たとえば，IQ70から80）の若者にMTFCを適用し評価するために，いくつかの新しいプロジェクトがOSLCで現在進行中である。これらのプロジェクトの最初のデータは，MTFCプログラムの一般的な媒介変数はさまざまに異なった治療困難な対象に有効であり，さらに治療の有効性を最大限に利用するために実用性のある調整が求められることを示唆している。

文　献

American Psychological Association, Task Force on Psychological Intervention Guidelines. (1994). Washington, DC: Author.

Aos, S., Phipps, P., Barnoski, R., & Leib, R. (1999). *The comparative costs and benefits of programs to reduce crime: A review of national research findings with implications for Washington state*. Olympia, WA: Washington State Institute for Public Policy.

Bank, L., Marlowe, J. H., Reid, J. B., Patterson, G. R., & Weinrott, M. R. (1991). A comparative evaluation of parent training for families of chronic delinquents. *Journal of Abnormal Child Psychology, 19,* 15-33.

Chamberlain, P. (1994). *Family connections: Treatment Foster Care for adolescents with delinquency*. Eugene, OR: Northwest Media.

Chamberlain, P., & Moore, K. J. (1998). A clinical model for parenting juvenile offenders: A comparison of group care versus family care. *Clinical Psychology and Psychiatry, 3*(3), 375-386.

Chamberlain, P., & Reid, J. B. (1987). Parent observation and report of child symptoms. *Behavioral Assessment, 9,* 97-109.

Chamberlain, P., & Reid, J. B. (1991). Using a Specialized Foster Care community treatment model for children and adolescents leaving a state mental hospital. *Journal of Community Psychology, 19,* 266-276.

Chamberlain, P., & Reid, J. B. (1998). Comparison of two community alternatives to incarceration for chronic juvenile offenders. *Journal of Consulting and Clinical Psychology, 66*(4), 624-633.

Dishion, T., & Patterson, G. R. (1997). The timing and severity of antisocial behavior: Three hypotheses within an ecological framework. In D. M. Stoff, J. Breiling, & J. D. Maser (Eds.), *Handbook of antisocial behavior* (pp. 205-217). New York: John Wiley & Sons, Inc.

Forehand, R., & Long, N. (1988). Outpatient treatment of the acting out child: Procedures, long term follow-up data, and clinical problems. *Advances in Behaviour Research and Therapy, 10,* 129-177.

Forehand, R., & McMahon, R. (1981). Helping the noncompliant child: A clinician's guide to parent training. New York: Guilford Press.

Hawkins, R. P., Meadowcroft, P., Trout, B. A., & Luster, W. C. (1985). Foster family-based treatment. *Journal of Clinical Child Psychology, 14*(3), 220-228.

Jacobson, N. S., & Christensen, A. (1999). Studying the effectiveness of psychotherapy: How well can clinical trials do the job? *American Psychologist, 51*(10), 1031-1039.

Patterson, G. R. (1982). *A social learning approach to family intervention: III. Coercive family process.* Eugene, OR: Castalia.

Patterson, G. R. (1996). Some characteristics of a developmental theory for early-onset delinquency. In M. F. Lenzenweger & J. J. Haugaard (Eds.), *Frontiers of Developmental Psychopathology* (pp. 81-124). New York: Oxford University Press.

Patterson, G. R., Chamberlain, P., & Reid, J. B. (1982). A comparative evaluation of parent training procedures. *Behavior Therapy, 13,* 638-650.

Patterson, G. R., Dishion, T. J., & Chamberlain, P. (1993). Outcomes and methodological issues relating to treatment of antisocial children. In T. R. Giles (Ed.), *Handbook of effective psychotherapy* (pp. 43-88). New York: Plenum Press.

Patterson, G. R., Reid, J. B., & Dishion, T. J. (1992). *A social learning approach. IV. Antisocial boys.* Eugene, OR: Castalia.

Stoolmiller, M. (1994). Antisocial behavior, delinquent peer association and unsupervised wandering for boys: Growth and change from childhood to early adolescence. *Multivariate Behavioral Research, 29,* 263-288.

Wahler, R. G. (1976). Deviant child behavior within the family: Developmental speculations and behavior change strategies. In H. Leitenberg (Ed.), *Handbook of behavior modification and behavior therapy* (pp. 516-545). Englewood Cliffs, NJ: Prentice-Hall.

家族モデル体験プログラム

Kathryn A. Kirigin

　ここ30年間，教授家族（Teaching-Family）の治療技術，スタッフのトレーニング，それにプログラムの評価が，国の至る所で多様な人へのサービス機関で忠実に適用されている。そのモデルは，子どものケアを行う機関を組織し，方向性を見定め，ケアを提供する人を指導し，居住型の治療環境で子どもたちを扱う共通の立場を与える方法として役立っている。ケアについての哲学は，知識があり，近づきやすく，それに役立つサポートスタッフから支えられた家族の自然な強さから由来している。教授家族モデル（Teaching-Family Model）は，NIMHの協同作業による努力，カンザス大学での少年の達成場所についての研究プロジェクト（Achievement Place Reserch Project），それにカンザス州のいくつかのコミュニティベースのグループホームなどを通して20年以上にわたり発展させられた。扱いにくい若者のための居住型治療での教授家族モデルでは，問題行動は6から8名の居住者を受けもつ専門的な教授する親を配置した支持的な家族スタイルの家庭の環境をつくりだすことによって扱われる。その家庭は一般的に，教授家族モデルのトレーニング，コンサルテーション，それに評価サービスを提供する地域の社会的サービス機関と提携している。教授家族のサービスを提供する機関は，治療，トレーニング，それに評価サービスが忠実に実施されることを保証するために，全国教授家族協会（National Teaching-Family Association）によって実施される所定の手順で消費者ベースの評価や実施場所での評価を受ける。

KEYWORDS 教授家族モデル，高いリスクをもつ子ども，居住型治療

8 家族モデル体験プログラム

使命

教授家族モデルは，リスクのある子どもと若者に効果的かつ再現可能な家庭外の治療環境を提供する。それはまた，若者にケアと自然な治療システムも提供している。

目標

- 家庭外の施設に入れた子どもたち，若者，それに依存的な人たちについての居住型治療での質を改善すること。
- 扱いにくい子どもたちを親として世話をするための権威，自律性，それに能力をもつ専門的な世話人の特別なクラスをつくりだすこと。
- スキルの教授を通して，予測できる治療効果と世話人とケアを受ける人との間の協力的な関係を高めること。

プログラムの歴史

教授家族モデル（TFM）は，応用行動分析の技術（Baer, Wolf, & Risley, 1968）とデータベースのプログラムの発展（Wolf, Kirigin, Fixsen, Blas, & Braukmann, 1995）の副産物で，グループホームで判決を受けた青年のために思いやりがあり，効果的で，再現でき，若者に好まれる治療環境をつくり出すために使われている。このモデルは，もともと非行や「非行傾向」の青年の監禁施設に替わるものとして発展し，カンザス州のローレンスに1967年に設立された少年のための達成場所は，小さくて，家族スタイルの環境で，問題を持つ青年を治療するために，再現可能なケアシステムを発展させることが中心点になった。TFM治療システムの発展と後の普及は，カンザス大学の研究者によって指導された長期の共同研究の努力から発展したもので，1969年から1987年の終わりまで犯罪と非行の研究のために国立メンタルヘルスセンターから基金が出された。

今日，教授家族の哲学と治療は，人へのサービス機関に設けられたトレーニングを行う場所で行われている。これらのサービス機関は，もっぱら里親によるケアを扱うサービス機関から，グループホーム，里親によるケアホーム，収容施設でのケアそれに学校などの連続体となっているサービス環境を監督する機関に変化している。いくつかのトレーニングの場所ではまた，親トレーニングや家族保護のサービスを提供している。すべての教授家族のサービス機関に共通する特色は，居住する若者と生活し働くケアスタッフへのスキルをベースとした教育，支持的なコンサルテーション，それに所定の評価サービスなどを提供することなどである。TFMのサービスの対象者は，情緒的，社会的，それに学業的な障害をもつ子どもと青年，それに自閉症の子どもである。

1975年以来，教授家族協会（TFA）は，TFMを実施する機関のための専門家の組織として役立っている。教授家族協会は，TFMプログラム実施の質をモニターするため，それに治療とトレーニング技術の連続的な発展と強化のための専門的なフォーラムを提供するために設立された。1999年までに，16の州に設置された24の機関とカナダの1つの州のものが，教授家族の実施場所として認証された（TFAニューズレター，5月，1999）。

特色の定義

教授家族モデルは，問題をもつ若者に効果的なケアを行う居住環境をつくり出すために使われ，その目標，職員配置のパターン，治療の構成要素，それにトレーニングとサポートのサービスなどについて定義されている。モデルの特色の定義は，表8-1に示されている。

表8-1　教授家族モデルの特色の定義

プログラムの目標
1　思いやりのある介入手続き
2　行動的問題の効果的な治療
3　プログラムの消費者に敏感である
4　再現できる
5　費用効果が高い

治療プログラムの環境
1 住み込みの直接ケアをするスタッフ：既婚の夫婦（教授する両親）
2 家族スタイルの生活
3 最大8名の居住者
4 フルタイムで勤務する，教授する親のアシスタント
5 家族，学校，それにコミュニティ環境に近いことと近づきやすいこと

治療プログラムの構成要素
1 スキル教授のシステム（ことばによる賞賛，予防的，修正的な教授）
2 関係を発展させる手続き
3 個人の責任を強調する動機づけのシステム
4 居住者に意思決定のスキルの能力を与える自己管理システム

教授する両親へのプログラムのトレーニングとサポートサービス
1 最初の40から80時間のオリエンテーションとスキルトレーニングのワークショップ
2 プログラム実施についての継続的な電話と家庭に出向いてのコンサルテーション
3 継続的なスキルの発達を高める所定のサービスによるトレーニング
4 プログラムの質だけでなくプログラムの実施についての消費者の年1回の評価，それと教授する親に届けられるコンサルテーションサービス

　TFMの治療哲学は，多くの問題行動は困難な環境によって悪化させられるという学習理論と信念とに根拠を置く。モデルの中では，子どもや若者の深刻な問題行動は，わずかに8名の若者に支持的な家族スタイルの環境をつくり出すことによって扱われ，既婚の夫婦（教授する親の実践者）が配置され，治療モデルを彼らに実施できるようにするために必要なスキルトレーニング，サポートサービス，それに所定のプログラム評価の方法などが受けられる。

教授家族の実践者

　教授家族モデルの本質は，入居者と一緒に住む教授する親にかかっている。教授する親の仕事について述べることは，人をひるませてしまう。彼らは，10歳から18歳までの6から8名の子どもたちのために家族全体と治療プログラムを管理する。教授する親はまた，そのグループホームの環境で50％以上が自分自身の子どもと居住者をいっしょに住まわせている（Graham, Graham, Kirigin, Wolf, & October, 1995）。教授する親は，プログラムのディレクター

として教師，ソーシャルワーカー，親，保護監察官，セラピストや若者の生活に直接携わる他の人々などの専門家やプログラムのステークホルダーと協同して仕事をする。ステークホルダーの数は若者の人数とプログラムの内容で変わるが，ステークホルダーは若者にとって重要な資源として役立ち，教授する親に若者の経過や問題についてのフィードバックを与える。

治療プログラムの構成要素

　すべての教授家族のプログラムの実践者は，スキルの教授の規約，動機づけ，関係の発展，それに状況やクライエントの特色にあわせる必要により修正した自己管理や問題解決についての戦略などを使用する。

　【スキルの教授】
　相互作用の教授は特別な行動ステップからなり，社会的，学業的，それにセルフケアなどのスキルを教え，そして代わりの行動を教授することにより問題行動を修正する。教授家族のプログラムには，相互作用を教える3つの主要なタイプがある。それらは，賞賛を述べること，予防的に教えること，それに修正して教えること，などである。これらの教授戦略にはすべてにおいて，行動を明確に詳述すること，行動の実演がいつでも可能であること，自然な結果またはスキルの恩恵を強調する若者中心の理論的根拠，スキルを実践する機会，それに賞賛の表わし方における建設的な結果とスキルを学習する努力のポイントなどが使われる。

　【動機づけ】
　動機づけを操作するシステムはトークンエコノミーで，大人と有益でない経験をよくしている若者のために，このシステムの結果として確実な強化をつくり出すことによって新しいスキルを学習するための構造とインセンティブが若者に提供される。モチベーションのシステムは，ポイントを失うことよりもポイントを獲得することが強調され計画されている。ポイントを失うことも含めたあらゆる相互作用のために，教授する親はポイントを獲得する活動を含む，

8 家族モデル体験プログラム

少なくとも4つの相互作用で若者にかかわることを期待され，通常最初にもらったポイントがなくなるような問題を避けるために必要なスキルを教えることと報酬を与えることが中心になる。若者がプログラムを進展させるにつれ，より自然な社会的結果と特典が生まれるように，その構造と確実なポイントが得られるという結果がフェイディングされる。

【関係の発展】

教授する親と若者の間の相互に価値のある関係が発展することにより，効果的な教え方と親になることとが促進される。それぞれの子どもとの前向きの関係を発展させることは骨の折れる仕事に集中する過程であり，活動を教えること，行動のシェイピングを強調すること，それに明確な行動の期待を設定することなどに基礎を置いている。教授する親は，楽しさ，公平さ，若者への関心，それに罰を超えた問題解決へのかかわりを表に出す相互作用のスタイルを使用する。

【自己管理と問題解決】

自己管理システムは毎日の家族ミーティングで行われ，若者に意思決定のスキルとプログラムの操作に影響を及ぼす機会を提供する。若者はグループでの話し合いに参加し，建設的な批評を与え，大人や仲間からの不満や批判を受け入れ，そして問題を解決することを学習する。この自己管理システムの意図は，若者に家庭と家庭の外で自身の問題を解決するためのスキルを与えることである。

サポートサービス：教授する親のトレーニングと新人教育

TFMモデルの要素をマスターするには，教授する親とトレーニングスタッフとの間の協同的関係が大切である。教授する親は仕事の最初の年に，さまざまなトレーニングの活動を行う。トレーニングの実施場所のスタッフによるサービス前のワークショップでトレーニングは始まり，スタッフの多くは前任の教授する親であったり教授する親の同僚であったりする。サービス前のワーク

ショップには40時間から80時間の教室での指導が必要で，典型的には夫婦が居住型環境に入る前に1～2週間以上が必要である。ワークショップでは，スキルの達成を強調するTFM治療の基本的な構成要素についてのオリエンテーションが行われる。トレーニーは治療の各構成要素について読み，ビデオテープの例について話し合い，それから構造化されたスキルのリハーサルを行いそのスキルを実践する。さらに，教授する親は，学習理論，専門的技術，プログラムのマネジメント，治療計画，消費者との作業，資格の認証，それに記録の方法などについての教育を受ける。これらの領域は，教授家族のプログラムのすべてに共通するものである。TFMの機関ではまた，予算づくり，薬物治療のマネジメント，それに経過報告書の書き方などの特別な機関の必要性に合わせたテーマについての教育も提供される。

　トレーニングの最も挑戦的な部分は，教授する親が指名された家庭に入り，TFMを実施し始めたときに始まる。最初の数週間は，教授する親はコンサルタントと自ら電話による連絡を取るだろう。親が基本的な教授法と動機づけに関する基本的な戦略をマスターし，若者との効果的な関係を発展させることを学習するにつれ，コンサルテーションの焦点は治療の計画づくり，問題解決，それにプログラムの改良へ移行する。

　コンサルティングの関係は，新入教育の1つである。コンサルタントの主要な目標は，教授する親が治療アプローチをマスターするのを手助けすることである。コンサルティングの内容は労働集約型の活動で，コンサルタントは一般的に4から5カップルの取扱い件数をもち作業をする。コンサルタントはスキルの形成者で，カップルが教授する親としての認証の達成基準を満たすことを手助けするために，関係の発展，スキルの教授，それに動機づけなどの同じ一般的なTFM戦略を使いながら，TFMの実施の複雑さを教える。カップルが教授する親としての認証を得るには，一般的に約1年を必要とする。カップルがひとたび認証を得れば，継続するサポートを提供し，プログラムがあちこち動くのを防ぎ，教授する親たちがスキルを改善し続けるのを手助けするために，コンサルタントとの関係は維持される（Wolf, Braukmann, Kirigin, & Ramp, 1987）。

　コンサルタントの役割は教授する親が効果的に実践するために重要であると

思われるが，それはTFMの中で最も研究がなされていない側面の1つである。コンサルタントの役割に焦点を当てた研究はわずかに2つあり，1つは刊行され，もう1つは未公刊の学位論文である（Schroeder, 1996）。ほとんどの部分について，TFMの実施場所では教授する親のカップルをトレーニングするのとほとんど同じ方法で，コンサルタントのトレーニングがなされている。これは，スキルの獲得を強調するワークショップによる教育で，経験のあるTFMのコンサルタントが実地の新入教育と所定の達成度評価を行っている。

教授する親の認証

　教授する親は，責任がある専門家である。TFMがどのように首尾よく実施されたかを決めるために，最初の年は二度，その後は毎年，教授する親はプログラムの消費者（若者）とTFMのトレーニングの実施場所のメンバーにより評価される。各機関でプログラムを受ける消費者は，教授する親になっているスタッフについて，その協同，コミュニケーション，それに有効性について評定するために，それらについて尋ねる短い質問紙に記入する。居住者の若者は教授する親の公平性，関心，楽しさ，それに有効性について質問紙に記入する。トレーニングの実施場所の評価者は，2時間から3時間の治療環境の観察と居住者各人への個人的なインタビューを行い，実施されている場所のプログラムの再調査を行う。評価者は治療の構成要素に適した教授する親のスキルを評定し，ケアをしている若者の印象とソーシャルスキルを評定する。評価者はまた，プログラムの記録を再調査し，それから治療環境の全体の質を評価する。このように消費者と達成の評価とを結合させることが，認証の基準として役立っている。

1日の生活

　教授家族は，構造化された家族である。朝の活動は，子どもを起床させ，食事を与え，それに学校の準備をさせることである。多くのケースでは，教授する親はまた，ミドルスクール，中学校，それに高等学校に送り，放課後迎えに

行く。各居住者は毎日学校のノートを持ち帰り（Bailey, Wolf, & Phillips, 1970），そこには教師よりの学校での態度についてのフィードバックが書かれている。子どもたちが学校にいる間，教授する親は一般的にカウンセラー，教師，セラピスト，ソーシャルワーカー，保護観察官，それに普通のウィークデイの仕事の時間にのみ会える他のステークホルダーと会うことができる。この時間はまた，個人的な仕事，家族の時間か休憩に使用できる。しかし，たいていは記録をつけたり，治療を計画したり，コンサルテーションやトレーニングセッションを受けることに使われる。

　教授する親にとって1日で最も多忙な時間は，子どもたちが午後遅くに学校から帰ってきたときで，彼らが就寝するまで続く。子どもたちが帰宅すると，教授する親は学校での態度のノートを点検し，宿題や勉強時間をチェックし，夕食の準備をし（しばしば1人かそれ以上の子どもを手伝わせる），家族で夕食を取り，夕食後の掃除の活動をチェックし，家族会議を招集する。家族会議の後，就寝時間まで1ないし2時間ある。この時間は，若者が自由にしてよい時間の過ごし方をモニターすることに使われ，その他に必要に応じて，スキルを教えたりカウンセリングセッションに使われる。

　治療プログラムは構造化されているが，また容易に配付することもできる。教授すること，動機づけを高めること，関係を発展させること，自己管理の活動を行うことなどは，どんな特別な時間や状況にも関係なく実施される。治療活動の大多数がグループホーム内で行われるが，治療は子どもたちの送迎，ショッピングセンターでの買い物，レストランでの食事などの間，どこでも行うことができる。しかしながら，治療が必要とするものは熟練したひたむきな教授する親であり，彼らは若者と効果的にコミュニケーションができて，彼らは6から8名の活動的な十代の若者をモニターしスーパービジョンを与えることに用心深く，彼らはスキルを達成した努力にすばやく報酬を与え，それに彼らは若者が将来の問題を解決するか避けることの手助けとなる適応行動を教える機会として問題行動をみる。このタイプのスキルの教授は，教授する親が教えようとする非常に大切な社会的相互作用のモデルを示すとき，それに若者への公平さと関心を証明する方法で彼らと相互作用ができる人物であるとき，最も効果的であるように思われる（Solnick, Braukmann, Bedlington, Kirigin, &

Wolf, 1981)。

　TFM治療の目標は，可能ならいつでも若者を居住環境から彼らの自然な家族へ戻すことである。成長できるだけの家族資源を持たない子どもたちにとって，その意図は彼らを長期の安定した家族のいる家庭に戻すことである。教授家族モデルのプログラムが実施された初期には，子ども1人につき約12,000ドルの費用と平均約12か月（Kirigin, Braukmann, Atwater, & Wolf, 1982）の滞在期間が報告された。今日では，居住型治療の費用は，ほとんどの機関で子ども1人につき1日70ドルを超えてかなり高くなっている。今日のソーシャルサービスの費用意識が高まっている環境と管理されたケアを求める考え方の中で，家族を保護すること，養子縁組それに代わりとなる他の費用のかからない場所に子どもたちを移すことなどがより強く強調されている。結果的に，多くのTFMのトレーニングの実施場所は，家族の再統合を高めるため治療的な里親によるケアや家族への家庭ベースのサービスなどの他の費用のかからないものでグループホームによる治療を補う十分に連続したサービス環境を発展させている。

普　及

　教授家族モデルの普及は，1972年以来続いている（Wolf et al., 1995を参照）。教授家族モデルを採用することに関心のある機関は，モデルの発展途上のトレーニングの実施場所として，現存のTFAの認証された実施の場所と提携している。2年から3年の期間にわたって，管理者，トレーナー，コンサルタント，それに評価者はTFMの実施についての教育を受ける。認証を得るための一般的な基準には，認証された教授する親の実践者になれるためのトレーニング，コンサルテーション，それに評価サービスなどを提供する能力が発展途上の実施場所にあることが証明される必要がある。TFMプログラムの実施の妥当性を決定するのは，TFA認証委員会にかかっている。認証委員会は，各サービスレベルについてサービスの消費者から見た評価を行う。つまり，サービスレベルとは直接的なケアのプロバイダー，トレーナー，コンサルタント，評価者と管理者である。3名からなる再調査チームは，機関の記録を再調査し，スタ

ッフにインタビューし，それにプログラムの実際を調査するために，2日から3日実施場所を訪れる。

すべての認証されたTFAのトレーニングの実施場所は，トレーニング，コンサルテーション，それに評価活動を記した年1回のレポートを提出する。これらのレポートは，実施場所のトレーニングについての評価，コンサルテーションと評価サービスのみならず，直接的な子どものケアスタッフについての消費者から見た評価を含む。各トレーニング実施場所についての実施場所として再調査は，3年に1回実施される。プログラムのプロセスには厳格で骨の折れる仕事に集中する特質があるので，認証されたトレーニング実施場所の総数は，過去10年間で約25の機関のままであることは驚くことではない。

プログラムの評価

TFMプログラムのデータベースの発展についての歴史は，Walfらが1995年に詳細に述べている。効果的で若者が好む手続きを決定するために，TFM治療の構成要素が単一の被験者を研究するデザインの方法を使いながら評価されている。スタッフのトレーニングに関する研究には，サービス前のワークショップでのスキルトレーニングの有効性を証明しているいくつかの研究がある（Braukmann, Kirigin, Ramp, Tigner, &, Wolf, 1984）。カンザス州でのTFMプログラムの有効性について相対的な結果の評価の研究（Braukmann, Kirigin, Ramp, & Wolf, 1985；Kirigin et al., 1982；Phillips, Phillips, Fixsen, & Wolf, 1974）と，TFMをベースとした少年たちの町・家族・家庭のためのプログラム（Boys Town Family Home Program）についての1つの相対的なフォローアップ研究（Larzelere, Daly, & Criste, 1998）とが発表されている。これらの研究は，教授家族プログラムを経験していない若者と比較して，プログラムに参加した若者に好都合に作用する一貫した治療中の効果を示している。しかしながら，グループ間の主要な違いが，ソーシャルスキルの実行に例外はあるが（Ramp, Gibson, & Wolf, 1990），治療終了後の最初の1年で消えてなくなることである（Kirigin et al., 1982；Braukmann et al., 1985）。教授家族のグループホームへの参加者の実例についての後年のフォローアップでは，若い大人（平

均年齢21歳）の交通違反以外での逮捕者のパーセントに差がみられなかった。大人としての違反者のタイプまたは割合に測定された差が不足しているにもかかわらず，教授家族プログラムへの参加者は保護観察を受けることがさらにあり，このことはソーシャルスキルトレーニングの効果が長続きする必要があることを示唆している（Ramp et al., 1990）。期待はずれであるが，フォローアップの結果は今日まで注意深い評価がなされてきたあらゆる非行防止と介入のプログラムでの発見とほぼ一致している。子どもたちや若者，それにかれらの家族の深刻な問題行動を「容易に治療すること」または「素早く治すこと」は困難である。しかしながら，教授家族モデルが達成するものは治療中に見られた有効性，つまり人へのサービスのすばらしい成果を再現することである。

教授家族モデルは再現が可能である点でユニークであるが，新しいかまたは現存の機関へ完全なシステムを普及させることは時間のかかるプロセスである。管理者，スタッフのトレーナー，コンサルタント，評価者，それに教授する親などの訓練は，達成するのに3年から5年を必要とするきつい労働集約型の実践活動である。結果として，普及は徐々になされてきている。教授家族モデルの採用を探し出すために実施場所の認証と教授家族モデルのニューズレターを使うことにより，ひとたび認証されれば教授家族モデルの実施場所はかなり耐久力があるように思われる。1970年代に認証された初期の6つのトレーニング実施場所のうち，2か所はすでに機能していないし，1つはTFAと提携していない。1980年代に認証された11の実施場所のうち，2か所は閉鎖され，5か所はTFAと提携していない。1990年代に認証された16の実施場所はすべてTFAの実施場所として機能している。

教授家族の組織を一緒に結びつけることは，問題をもった子どもたちや若者の治療に優れているプログラムに集合的に参加することになる。素早く治すことや長期の治療は，扱いにくい子どもたちの治療では依然として理解されにくいので，教授家族モデルは消費者から評価される，積極的で思いやりがありそれに効果的な環境をつくり出す一時的な方法を提供している。

文 献

Baer, D. M., Wolf, M. M., & Risley, T. R. (1968). Some current dimensions of applied behavior analysis. *Journal of Applied Behavior Analysis, 1*(1), 91-97.

Braukmann, C. J., Kirigin Ramp, K., & Wolf, M. M. (1985). Follow-up of group home youths into young adulthood (Progress Rep, Grant MH20030, to the National Institute of Mental Health). Lawrence, KS: University of Kansas, Achievement Place Research Project.

Braukmann, C. J., Kirigin Ramp, K. A., Tigner, D. M., & Wolf, M. M. (1984). The Teaching-Family approach to training group home parents: Training procedures, validation research, and outcome findings. In R. Dangle & R. Polster (Eds.), *Behavioral parent training: Issues in research and practice.* New York: Guilford Press.

Graham, B. A., Graham, G. G., Kirigin, K. A., & Wolf, M. M. (October, 1995). *Findings of a national survey of teaching-parents: Job satisfaction and burnout.* Paper presented at the Teaching-Family Association Meeting, Banff, Alberta, Canada.

Harchik, A.E., Sherman, J.A., Sheldon, J.B., & Strouse, M.C. (1992). Ongoing consultation as a method of improving performance of staff members in a group home. *Journal of Applied Behavior Analysis, 25*(3), 599-610.

Kirigin, K. A., Braukmann, C. J., Atwater, J. D., & Wolf, M. M. (1982). An evaluation of Teaching-Family (Achievement Place) group homes for juvenile offenders. *Journal of Applied Behavior Analysis, 15,* 1-16.

Larzelere, R. E., Daly, D. L., & Criste, T. R. (1998). *The follow-up evaluation of children after out-of-home placement.* Paper presented at the American Association of Children's Residential Centers, Sanibel Island, FL.

Phillips, E. L., Phillips, E. A., Fixsen, D. L., & Wolf, M. M. (1974). *The teaching-family handbook (2nd edition).* Lawrence, KS: University of Kansas Printing Service.

Ramp, K. K., Gibson, D. M., & Wolf, M. M. (1990). *The long term effects of Teaching-Family model group home treatment.* Paper presented at the Annual meeting of the National Teaching-Family Association, Snowbird, UT.

Schroeder, C.M. (1996). Consultant roles in Teaching-Family group homes. *Dissertation Abstracts International Section A: Humanities and Social Sciences.* Dec., Vol 57 (6-A)2279.

Solnick, J. V., Braukmann, C. J., Bedlington, M. M., Kirigin, K. A., & Wolf, M. M. (1981). Parent-youth interaction and delinquency in group homes. *Journal of Abnormal Child Psychology, 9,* 107-119.

Teaching-Family Newsletter (May, 1999). National Teaching-Family Association, Snowbird, UT.

Wolf, M. M., Braukmann, C. J., & Kirigin Ramp, K. A. (1987). Serious delinquent behavior as part of a significantly handicapping condition: Cures and supportive environments. *Journal of Applied Behavior Analysis, 20,* 347-359.

Wolf, M. M., Kirigin, K. A., Fixsen, D. L., Blase, K. A., & Braukmann, C. J. (1995).

The Teaching-Family Model: A case study in data-based program development and refinement (and dragon wrestling). *Journal of Organizational Behavior Management, 15*(1/2), 11-68.

事項索引

●あ
アイオワ大学式家族との絆を強めるプログラム（ISFP）　25
　〜グループ　28
ADVANCEシリーズ　36
ADVANCEプログラム　42
アフターケア　103

●い
怒りコーピング　73-75
　〜グループ　73
　〜プログラム　71-73, 75, 76
怒りコントロール　54
　〜トレーニング（ACT）　49, 50, 52, 62
怒りマネジメント　32
インセンティブ　20

●う
うつ病　13, 33

●え
エクスポージャー　12
エビデンスベース　86

●お
おもちゃ　77
親トレーニング　32, 35, 36
　〜のプログラム　35
親のコンピテンス　32
親のセッション　18
親の問題解決スキル　32
親用プログラム　38

●か
介入モデル　86
拡張サービス　16, 22
　〜協同組合　19, 22
家族ストレッサー　17

家族との絆を深めるプログラム（SFP10-14）　15-18, 22
家族のコーピングスキルと資源　17
家族のユニット　16
家族のリスク　17
家族療法　86
学校コンサルテーション　103
関係の発展　114
感情のコントロール　74

●き
教師トレーニング　32
　〜のプログラム　39
教師のコンピテンス　32
教授家族　109
教授家族協会　111
教授家族モデル（TFM）　109-111, 118, 120
教授する親　112, 115, 117
　〜のトレーニング　114
　〜の認証　116
協同的なプロセス　38
居住型環境　72, 114
居住型施設　75
居住型治療環境　74
居住型治療施設　71

●く
グループリーダー　19, 22, 41

●け
ゲームと対話　4
言語と思考のスキル　4

●こ
行為障害（CD）　32, 33
行為の問題　31, 34, 77
攻撃行動　16
攻撃性　13
攻撃性置き換えトレーニング（ART）　49, 50, 54
　〜のトレーナー　59

～プログラム　　54, 66, 85, 100, 104, 106,
　　　107
　攻撃的な子ども　　71, 72
　行動障害　　98
　行動的問題　　107, 111
　行動療法　　86
　行動論的家族療法　　98
　子どもトレーニング　　32
　　～プログラム　　40
　コミュニケーションスキル　　32
　コミュニティベース　　84
　コンサルタント　　115
　コンサルテーション　　89

●さ
　サービスシステム　　87
　里親トレーニング　　101
　里親のケア　　100
　里親のケアによる多次元からの治療
　　（MTFC）　　97
　　～の里親　　100, 101
　　～モデル　　104, 105
　里親へのコンサルテーション　　102

●し
　刺激カード　　74
　自己管理システム　　114
　実演ビデオテープ　　74
　社会的コンピテンス　　31, 40
　宿題　　62
　衝動的行動　　13
　少年の矯正スタッフ　　77

●す
　随伴性のプログラム　　76
　随伴性マネジメントシステム　　101
　スキルストリーミング　　49-51, 59
　スキルの維持　　22
　スキルの教授　　113
　スキルの般化と維持　　65
　SCHOOL AGEシリーズ　　36
　スクールカウンセラー　　77

　スクールサイコロジスト　　77
　ステークホルダー　　23, 87, 112

●せ
　制限の設定　　98
　セッションの材料　　77

●そ
　ソーシャルスキル　　32, 40, 51
　　～と問題解決カリキュラム　　40

●た
　対人関係の認知的問題解決（ICPS）　　2,
　　4, 10, 12
　　～スキル　　3
　　～の対話　　5-7, 9
　対人関係の問題解決　　1
　　～スキル　　1
　高いリスクのある子どもたち　　34

●と
　動機づけ　　113
　道徳教育トレーニング　　53
　道徳推理　　54
　　～教育　　49
　　～トレーニング　　50, 64
　トークン　　77
　トレーナー　　64
　　～養成　　20
　トレーニー　　60, 62, 64

●に
　認知行動的介入　　71
　認知行動療法　　86

●は
　パフォーマンスフィードバック　　51, 61,
　　62
　般化トレーニング　　51, 61
　反抗挑戦性障害（ODD）　　32, 33

索引

●ひ
引きこもり　13
非行　33, 107
ビデオテープ　24, 35, 36
　〜によるモデリング　37, 38, 41, 43
　〜の台本　21
ビデオベースのプログラム　15
ピラミッドのポスター　37

●ふ
ファシリテーター　19, 20
フォローアップアセスメント　16, 26, 28
プログラムのコスト　23
プロジェクトファミリー　16
プロソーシャル　50
　〜な行動　12, 38
　〜なスキル　54

●へ
BASICシリーズ　35
BASICプログラム　36, 42, 43
ベースラインアセスメント　16

●ほ
ポイントカード　101, 102
報酬　76, 77
暴力　13, 87, 89
　〜行為　33

●ま
麻薬乱用　87
マルチシステミックセラピー（MST）　83
　〜サービス会社　87
　〜のコンサルタント　85
　〜のスーパーバイザー　89
　〜のセラピスト　88

●め
メンタルヘルス　2, 13, 85, 91, 99
　〜スタッフ　19
　〜の臨床家　77

●も
モデリング　51, 61, 62
問題解決スキル　32
問題解決の思考　4
　〜スタイル　7
問題解決モデル　74

●や
薬物使用　16, 26
薬物乱用　13, 15, 16, 33, 90

●よ
予防的介入　34

●り
リスクのある子ども　110
リスクの高い行動　1, 2
リスポンスコスト　76

●ろ
ロールプレイング　51, 61, 62

●わ
若者のセッション　18
若者の犯罪者　89, 90

人名索引

●A
Aos, S.　106

●B
Bandura, A.　51
Barnoski, R.　106
Bronfenbrenner, U.　83
Burch, P. R.　72, 79, 80

●C
Chamberlain, P.　97, 98, 103-107
Curry, J. F.　72, 79, 80

●F
Feindler, E. L.　52
FitzGerald, D. P.　73, 75, 79

●G
Gemmer, T. C.　73
Gibbs, J. C.　52, 53, 59, 62, 63, 66, 68
Glick, B.　52, 53, 59, 62, 63, 66-68
Goldstein, A. P.　51-53, 59, 61-63, 66-68

●H
Hancock, L.　39
Harris, S. R.　73
Henggeler, S. W.　83-87, 89-93

●I
Iwata, M.　52

●K
Kaufman, K.　84
Kirigin, K. A.　110, 112, 115, 117-119
Kohlberg, L.　53
Kumpfer, K.　17, 18

●L
Lampron, L. B.　72, 73, 79, 80
Leib, R.　106
Levine, M.　3
Lochman, J. E.　71-73, 75-80

●M
Marriott, S. A.　52
Meichenbaum, D.　52
Molgaard, V.　17, 18
Moore, K. J.　103, 105

●N
Novaco, R. W.　52

●P
Patterson, G. R.　33, 98, 99, 106
Phipps, P.　106

●R
Reid, J. B.　98, 99, 103-107
Rone, L.　87

●S
Schoenwald, S. K.　83, 85-87, 91, 92
Shure, M. B.　3, 4, 7, 11-13
Spivack, G.　2-4, 11
Spoth, R.　17, 18, 25, 26, 28

●T
Thomas, C.　87
Timmons-Mitchell, J.　87

●W
Webster-Stratton, C.　31, 33, 34, 39, 40, 42-45, 47
Whidby, J. M.　73, 75, 79

監訳者紹介

安東末廣(あんどう・すえひろ)
 宮崎大学教育文化学部教授
 臨床心理学 臨床心理士
 【主著・論文】
 『行動療法ケース研究9・登校拒否Ⅱ』(共著) 岩崎学術出版社 1993
 『人間関係を学ぶ―本質・トレーニング・援助―』(編著) ナカニシヤ出版 1995
 『自分理解の心理学』(共著) 北大路書房 2000
 『学校ベースのプレイセラピー ―現代を生きる子どもの理解と支援―』(監訳) A. A. ドゥルーズ,L. J. キャリィ,C. E. シェイファー(編) 北大路書房 2004
 「シェイピングによる登校拒否の治療―レディネスの形成から登校行動の形成への段階的治療―」 行動療法研究,第17巻,第1号,33-42,1991

訳者一覧(執筆順)

安 東 末 廣 (第1章,第2章,第3章,第4章,第7章,第8章),監訳者

高野美智子 (第5章,第6章)
 医療法人隆徳会鶴田病院心理士 宮崎公立大学非常勤講師
 臨床心理学 臨床心理士
 【主著・論文】
 『学校ベースのプレイセラピー ―現代を生きる子どもの理解と支援―』(共訳) A. A. ドゥルーズ,L. J. キャリィ,C. E. シェイファー(編) 北大路書房 2004
 「脳挫傷と脳梗塞への自律訓練法の適用―不安・身体症状・精神機能の検討―」 自律訓練研究,Vol.18,No.2,33-39,2000
 「学校におけるADHD児への治療教育方法の検討」 宮崎大学教育文化学部附属教育実践研究指導センター研究紀要,第9号,45-58,2000

幼児期〜青年期までのメンタルヘルスの早期介入
発達に応じた8つの効果的なプログラム

2005年8月1日　初版第1刷印刷	定価はカバーに表示
2005年8月10日　初版第1刷発行	してあります。

　　　編　　者　S. I. パァイファー
　　　　　　　　L. A. レディ
　　　監訳者　安　東　末　廣
　　　発行者　小　森　公　明
　　　発行所　㈱北大路書房
　　　〒603-8303　京都市北区紫野十二坊町12-8
　　　　　　　電　話　(075) 431-0361㈹
　　　　　　　FAX　(075) 431-9393
　　　　　　　振　替　0150-4-2083

印刷・製本／㈱シナノ

Ⓒ 2005
検印省略　落丁・乱丁本はお取り替えいたします。
ISBN4-7628-2454-2　Printed in Japan